Elisabeth Mittelstädt (Hg.)

Wunder der Weihnacht

Über die Herausgeberin

Elisabeth Mittelstädt hat die Frauenzeitschrift *LYDIA* (www.lydia.net) gegründet und war 27 Jahre Chefredakteurin und Herausgeberin dieses Magazins. Darüber hinaus ist sie Autorin und Herausgeberin mehrerer erfolgreicher Bücher.

ELISABETH MITTELSTÄDT (Hg.)

Wunder der Weihnacht

Wahre Geschichten, die das Herz bewegen

Lydia

Inhalt

KAPITEL 2: SCHUTZENGEL UNTERWEGS

KAPITEL 3: KÖNIGLICHE GESCHENKE

KAPITEL 4: UNGEWÖHNLICH FEIERN

KAPITEL 5: WEIHNACHTSWEISHEITEN

Boten gesucht!

Weihnachten ist voller Wunder! Vor und nach der Geburt Jesu hatten die Engel alle Hände voll zu tun.

Doch wenn wir die Bibel und die Geschichte studieren, sehen wir, dass Gott nur selten Engel schickt. Viel öfter wählt er eine andere Möglichkeit: Er gebraucht ganz gewöhnliche Menschen, um hier auf der Erde das zu bewirken, was er im Himmel beschlossen hat. Gott sucht nach Freiwilligen, die bereit sind, seinen Willen auszuführen und eine lebendige Brücke zwischen Himmel und Erde zu bauen – wie die Familie Schlecht, die ihr Zuhause für Cae Gauntt und ihre Familie öffnete, sodass diese ihr persönliches Weihnachtswunder erlebte. Die Schlechts waren einfach für die „Auslieferung" des Wunders zuständig – Boten für Gott.

Gewöhnliche Menschen werden zu Himmelsboten! Was, wenn sie nicht auf den leisen Eindruck in ihrem Herzen geachtet hätten? Dann hätte es keine Weihnachtswunderland-Geschichte gegeben! Manchmal fragen wir uns vielleicht, warum wir so selten Wunder erleben. Könnte es sein, dass nicht genügend Boten da sind?

Ich habe mich entschieden: Ich werde mich das ganze Jahr über für diesen Dienst anmelden! Ich bin schon gespannt, was meine nächste Aufgabe sein wird. Gott hat Aufträge in allen Größen, groß oder klein. Nur für das Unmögliche, das wir nicht erledigen können, muss er einen seiner Engel schicken!

Doch ich glaube, am liebsten gebraucht er uns Menschen, um Wunder auf Erden zu tun. Deshalb sucht er Männer und Frauen, die ihn bitten: „Hier bin ich. Sende mich!"

Wenn Sie ein Päckchen nach dem anderen öffnen, mit wunderbarem Inhalt und kreativer Verpackung, werden Sie staunen und im Herzen berührt sein, was ein Wunder bewirken kann – sei es ein Gebet, ein freundliches Wort oder ein offenes Haus.

Vielleicht möchten Sie sich auch für den Botendienst anmelden? Ich bin gespannt, welche Erfahrungen Sie machen werden!

Ihre Elisabeth Mittelstädt

Kapitel 1:

Weihnachtswunder

Ein Wunder jagt das nächste in der Weihnachtsgeschichte: eine schwangere Jungfrau, ein wegweisender Stern, ein Engelkonzert im Hirtenfeld und das Kind in der Krippe, das Gott und Mensch zugleich ist. Glauben Sie noch an Wunder? Oder klingt das alles nach einem Märchen? In einer Welt, die nur empirische Beweise schätzt, werden Wunder leicht übersehen oder wegdiskutiert. Der Glanz der Weihnacht weicht stundenlangem Fernsehgeflimmer. Und doch gibt es sie, die Momente, in denen der Himmel die Erde berührt und Erstaunliches geschieht, weil Gott noch immer Wunder tut – kleine und erstaunlich große.

„Ich danke dem HERRN von ganzem Herzen
und erzähle alle deine Wunder."
Psalm 9,2

Weihnachtswunderland

Cae Gauntt

Zwei Tage vor Weihnachten umziehen? Und das mit zwei Jungs und unzähligen Kisten im Schlepptau? Statt Vorfreude aufs Fest erfüllten mich nur Frust und Verzweiflung. Immer wieder fragte ich mich: „Warum muss das jetzt sein und nicht später?“ Noch ahnte ich nicht, dass wir ein Weihnachtswunder erleben würden …

Normalerweise gebe ich zu Weihnachten mein Bestes, damit es bei uns zu Hause so aussieht, riecht und schmeckt wie in der besten Kaffee-Werbung im Fernsehen. Doch wie sollte ich Weihnachten zu etwas Besonderem machen, wenn am 22. Dezember die Umzugsfirma anrollen würde, um uns mit Sack und Pack in ein neues Haus in einer neuen Stadt zu verfrachten?

Als Musiker hatten wir nicht genug Geld, um ein schönes Haus zu mieten, in dem wir mit unseren zwei Söhnen (damals 6 und 15 Jahre) wohnen konnten. Deshalb lebten wir elf

Jahre lang in den Büroräumen einer ehemaligen Gurkenfabrik. Eigentlich war das für uns ideal: Wir hatten viel Platz, konnten laut sein, und die Miete war erschwinglich.

Leider motivierten die geringen Mieteinnahmen unseren Vermieter aber nicht, sich um die dringend notwendigen Reparaturen zu kümmern. Manche Fenster ließen sich nicht schließen. Mehrere Wasserhähne tropften. Einige Steckdosen funktionierten nicht. Dann fiel auf einmal der Putz von den Wohnzimmerwänden, sodass wir buchstäblich durch die Wand nach draußen sehen konnten!

Angesichts des verfallenen Zustands beschloss unser Vermieter, den Keller des Hauses an eine mysteriöse Firma zu vermieten, die dort Plastiksäcke mit alter Kleidung lagerte. Einige Zeit später wurde uns bewusst, dass dort unten – zwischen den Kleidersäcken – tatsächlich Leute wohnten, auch wenn wir uns ziemlich sicher waren, dass es dort weder Heizung noch fließendes Wasser gab. An den Wochenenden gab es regelmäßig Prügeleien; nicht selten waren Alkohol, Messer, Polizei, gestohlene Autos und Krankenwagen involviert.

Kurzum: Es war Zeit, umzuziehen!

Monatelang suchten wir nach einem neuen Heim. Unser begrenztes Budget und unser Bedürfnis nach Räumen, in denen wir proben konnten, machten es uns nicht leicht, einen Vermieter zu finden, der uns gerne in seinem Haus wohnen lassen würde. Jedermann hält Musiker für ein flatterhaftes, verantwortungsloses Volk. Selbst ein Opernsänger stellt keine Ausnahme dieses Klischees dar!

Endlich fündig

Der Winter rückte näher und zwei Heizungen in unserem Haus gingen kaputt. Noch immer hatten wir nichts gefunden. Schweren Herzens entschlossen wir uns, einen Makler zu engagieren. Trotzdem ließ der Erfolg auf sich warten: Oktober, November – nichts.

Am 5. Dezember schauten wir uns ein Haus in dem kleinen Dorf Graben-Neudorf an. Die Lage war gut, der Preis okay, das Haus groß genug und die Nachbarschaft einfach wunderbar. Der Besitzer war bereits ausgezogen und wollte den Mietvertrag noch in derselben Woche abschließen. Mein Mann Eddie und ich zögerten nicht lange und unterschrieben den Vertrag zum gewünschten Zeitpunkt.

Zu unserem großen Erstaunen fanden wir tatsächlich eine Spedition, die den Umzug noch vor Weihnachten organisieren konnte. Wir buchten für den 22. Dezember.

Dann ging es bei uns rund. Wir sortierten Schränke aus, verschenkten Sachen, warfen Dinge weg, packten Kartons und organisierten nebenbei die schulischen und außerschulischen Aktivitäten unserer Söhne. Wir gaben Weihnachtskonzerte, strichen Wände und bemühten uns, Mahlzeiten auf den Tisch zu bringen, solange dieser noch nicht vollgepackt war.

Von Weihnachten war bei uns zu Hause keine Spur. Kein Adventskranz, kein Weihnachtsbaum, keine Dekoration, keine Kerzen, kein Plätzchenbacken – nichts von dem, was Weihnachten süß macht. Das würde warten müssen, und darüber war ich sehr traurig.

Der 22. Dezember kam. Es war bitterkalt, der Tag schien kein Ende zu nehmen, und als wir am Abend endlich in unserem Haus waren, brach ich erschöpft in Tränen aus. Überall standen Berge von Kisten, und zwischendrin blitzten vereinzelt Möbelstücke hervor. Doch ohne Küche konnte ich noch nicht einmal Spaghetti kochen. Und natürlich war kein Monteur bereit, am 23. Dezember zu uns zu kommen, um unsere Küche aufzubauen. Die Jungs waren den Tag über zu Hause, weil Ferien waren – aber es fühlte sich für niemanden von uns wie Ferien an. Nur ein Wunder konnte uns noch fröhliche Weihnachten bescheren!

Das Weihnachtswunder

Genau in diesem Moment klingelte Eddies Handy. Es waren liebe Freunde, die Schlechts. Sie hatten die brillante Idee, uns vier einzuladen, Weihnachten mit ihnen zu feiern. Wir packten unsere Taschen und waren eine Stunde später bei ihnen.

Wir verließen unser weihnachtsloses Elend und betraten das Schlechtsche Weihnachtswunderland: Kerzenschein und Weihnachtsmusik erfüllten die geschmackvoll dekorierten Räume. Es duftete nach selbst gebackenen Plätzchen. Im Flur stand eine Modelleisenbahn mit Bergen, Wald und Dorf. Im Wohnzimmer entdeckten wir eine wunderschöne, duftende Blautanne, geschmückt mit silbernen Kugeln und umgeben von einer Krippenszene mit Hügeln, Gras, Schafherden und einem glühenden Lagerfeuer. Ganz ehrlich, Käthe Wohlfahrt hätte in puncto Dekorieren hier noch etwas lernen können!

Unsere Freunde servierten uns ein ausgezeichnetes Essen, und danach konnten wir uns in Betten mit echten Daunendecken kuscheln. Ich glaube, niemand von uns hat jemals besser geschlafen als in jener Nacht.

Wir erlebten die wunderbar festliche und andächtige Weihnachtsfeier unserer Freunde und blieben noch mehrere Tage. Wir genossen leckeres Essen, lustige Spiele, unterhaltsame Filme, anregende Gespräche und: Weihnachten, Weihnachten, Weihnachten!

Als wir unsere Freunde am 28. Dezember verließen, konnten wir ihnen gar nicht genug für ihre Gastfreundschaft danken. Für uns war es wahrhaftig ein Weihnachtswunder. Völlig unerwartet. Und wir nahmen es dankbar an. Es war, als würden wir aus der Wüste herausgeführt und in ein Land gebracht, in dem Milch und Honig und Glühwein fließen.

Wenig später beantwortete Gott auch meine Frage, die ich ihm während des Umzugs immer wieder gestellt hatte: Warum musste es ausgerechnet in der Weihnachtswoche sein? Warum gerade jetzt? Warum nicht später?

Elf Tage nach unserem Umzug brannten die Bürogebäude der alten Gurkenfabrik ab. Offenbar hatten die Plastiksäcke Feuer gefangen, als im Keller ein Heizgerät die ganze Nacht durchgelaufen war.

Wahrhaftig ein erinnerungswürdiges Weihnachten. Und alles in Gottes perfektem Zeitplan!

....

Kindermund

Esther (3) entdeckt in einer Schublade eine Packung Räucherkerzen: „Oh, Mami, guck!"

Ich antworte ihr: „Ja, das sind Räucherkerzen."

Aufgeregt läuft sie zu ihrem Vater und sagt: „Papa, schau, Mami hat Räuberkerzen!"

Dorothee Bänsch

Die bestickte Tischdecke

Robert Reid

Ein paar Wochen vor Weihnachten traten ein Pastor und seine Frau ihren ersten Dienst an. Sie sollten eine Kirche am Rand von New York City wieder eröffnen und waren begeistert über die Möglichkeiten, die sich ihnen boten. Als sie das Gebäude in Augenschein nahmen, bemerkten sie, dass es ziemlich heruntergekommen war. Die Renovierung würde viel Arbeit verlangen, doch die beiden nahmen sich vor, bis zum ersten Gottesdienst an Heiligabend damit fertig zu werden.

Sie arbeiteten hart – reparierten die Sitzbänke, verputzten und strichen die Wände – und waren schließlich schon am 18. Dezember fertig. Einen Tag später setzte ein heftiger Sturm ein, der zwei Tage lang anhielt und von starken Regengüssen begleitet war.

Am 21. Dezember fuhr der Pastor wieder zur Kirche. Mit Schrecken stellte er fest, dass das Dach undicht geworden war und sich an der Wand direkt hinter der Kanzel der Putz gelöst hatte. Eine große Lücke entblößte genau in Augenhöhe das Mauerwerk. Der Pastor wischte den zerbröckelten Putz weg und fuhr nach Hause. Ihm würde wohl nichts anderes übrig bleiben, als den ersten Gottesdienst zu verschieben.

Eine überraschende Wendung

Auf dem Heimweg bemerkte er eine Art Flohmarkt für Wohltätigkeitszwecke und hielt an. Dort fand er eine besonders schöne handgefertigte, elfenbeinfarbene Tischdecke – sorgfältig gearbeitet und in der Mitte mit einem Kreuz bestickt. Sie hatte genau die richtige Größe, um die hässliche Stelle in der Wand zu überdecken. Nachdem er sie gekauft hatte, kehrte er zur Kirche zurück.

Inzwischen hatte es angefangen zu schneien. Eine ältere Dame auf der anderen Straßenseite versuchte, gerade noch den Bus zu erreichen. Vergeblich. Der Pastor lud sie ein, in der warmen Kirche auf den nächsten Bus zu warten, der erst in 45 Minuten kommen sollte. Sie setzte sich in eine der Bänke und achtete nicht auf den Pastor, der inzwischen eine Leiter und Werkzeug holte.

Nachdem er die Tischdecke an der Wand befestigt hatte, staunte er, wie herrlich sie aussah und wie gut sie die hässliche Stelle überdeckte. Dann bemerkte er plötzlich, dass die Frau durch den Gang nach vorne kam. Ihr Gesicht war kreidebleich.

„Pastor“, fragte sie, „woher haben Sie denn diese Tischdecke?“

Als der Pastor es ihr erklärt hatte, bat ihn die Frau, in der unteren rechten Ecke nachzusehen, ob dort die Initialen EBG eingestickt waren.

Tatsächlich, es waren ihre Initialen! Vor 35 Jahren hatte sie die Tischdecke in Österreich gestickt.

„Ich kann es kaum fassen, dass Sie nach so vielen Jahren gerade hier an meine Tischdecke gekommen sind", rief sie aus. Dann erzählte sie ihm, dass sie und ihr Mann vor dem Krieg in Österreich gelebt hatten. Als die Nazis kamen, musste sie das Land verlassen. Ihr Mann sollte eine Woche später folgen. Doch sie wurde gefasst, ins Gefängnis gesteckt und sah ihren Mann und ihr Haus nie wieder.

Der Pastor wollte ihr das Tischtuch zurückgeben, aber sie bat ihn, es für die Kirche zu behalten. Dann beharrte er darauf, sie nach Hause zu fahren.

„Das ist das Mindeste, was ich für Sie tun kann", versicherte er ihr.

Also brachte er sie in ihre Wohnung in einem anderen Stadtteil. Nur an diesem Tag war sie in der Gegend der Gemeinde gewesen, um zu putzen.

Das schönste Weihnachtsgeschenk

An Heiligabend erlebte die Gemeinde einen herrlichen Gottesdienst. Die Kirche war fast voll, die Musik und die Atmosphäre waren großartig. Am Ende des Gottesdienstes wünschten der Pastor und seine Frau am Ausgang allen ein gesegnetes Fest, und viele sagten, dass sie wiederkommen würden.

Als die anderen Besucher gegangen waren, blieb ein älterer Mann aus der Nachbarschaft mit starrem Blick in der Kirchenbank sitzen. Der Pastor wunderte sich, warum er nicht aufbrach.

Schließlich fragte der Mann: „Wo haben Sie denn diese Tischdecke her, die dort an der Wand hängt?“ Und er fuhr fort: „Sie sieht genauso aus wie eine Tischdecke, die meine Frau vor vielen Jahren gemacht hat, als wir noch in Österreich lebten. Wie kann es nur zwei so ähnliche Tischdecken geben!“

Dann erzählte er, wie die Nazis gekommen waren und er seine Frau gedrängt hatte, sich in Sicherheit zu begeben. Eigentlich hatte er ihr kurz darauf folgen wollen, aber dann war er verhaftet und ins Gefängnis gesteckt worden. In den vergangenen 35 Jahren hatte er seine Frau und sein Haus nicht wiedergesehen.

Der Pastor bat den Mann, eine kleine Fahrt mit ihm zu machen. Sie fuhren in einen anderen Stadtteil – zu demselben Haus, zu dem der Pastor drei Tage zuvor gefahren war. Er half dem Mann die Treppe hinauf in den dritten Stock bis zu dem Apartment der Frau, klopfte an die Tür – und erlebte das herrlichste Weihnachtswiedersehen, das er sich je vorstellen konnte.

Maria, ahntest du …?

Noreen Riols

Maria, ahntest du, dass dein kleiner Sohn einst über Wasser gehn wird? … Dass dein Kind, dem du Leben gabst, dir neues Leben gibt? … Maria, ahntest du, dass durch deinen Sohn die ganze Welt gemacht ist? Und wenn du ihn küsst, dann küsst du in Gottes Angesicht …"*

Immer wenn ich dieses Lied höre, würde ich gerne mit Maria sprechen und ihr viele Fragen stellen:

Maria, wusstest du, dass dieses Kind, das du geboren hast, der Sohn des Höchsten ist? Und als die Hirten kamen und voller Staunen vor der Krippe knieten, in der das Gott-Kind lag – sahst du da vielleicht schon hinter dem hellen Stern den hässlichen Schatten des Kreuzes?

* **Maria ahntest du,** Originaltitel: Mary Did You Know, Text & Melodie: Mark Lowry & Buddy Greene. Dt. Text: Heiko Bräuning, © 1991 Word Music. Für D, A, CH: CopyCare Deutschland, 71087 Holzgerlingen, © 1991 Rufus Music. Für D, A, CH: Small Stone Media, Köln

An jenem Tag, als du im Tempel dein Baby Gott weihtest, konntet ihr für ihn, dessen himmlischer Vater doch alle Tiere der Welt besitzt, nur zwei junge Tauben opfern. Das Opfer der Armen.

Simeon nahm deinen Sohn auf den Arm und sagte, nachdem er neunzig Jahre auf diesen Moment gewartet hatte: „Herr, nun kann ich in Frieden sterben! Wie du es mir versprochen hast, habe ich den Retter gesehen."

Du bewahrtest diese Worte in deinem Herzen als einen kostbaren Schatz.

Doch als du deinen Sohn ansahst, wie er sich über die Tischlerbank beugte und hämmerte, hörtest du da schon jene Nägel, die gnadenlos sein Fleisch durchbohrten? Als er die Arme ausbreitete, um dich zu drücken, sahst du ihn da schon qualvoll ausgestreckt am Kreuz?

Hast du gebetet – so wie er in seinem Gethsemane –, dieser bittere Kelch möge vorübergehen?

Ja, Maria, ich glaube, das hast du getan.

Konntest du mit ihm sagen: „Vater, vergib ihnen, denn sie wissen nicht, was sie tun!"?

Ja, Maria, ich hoffe, das konntest du.

Was hast du an jenem ersten Ostermorgen gedacht? Er offenbarte sich nicht dir, seiner geliebten Mutter. Er zeigte seine Wunden, wo die Nägel und die Lanze seinen Körper durchbohrt hatten, der ehemaligen Prostituierten. Warum bist du nicht mit Maria Magdalena zum Grab gegangen, um seinen leblosen Körper zu salben und um zu weinen? Weil du wusstest, dass er nicht dort sein würde? Ahntest du, dass er von den Toten auferstanden war, wie er es versprochen hatte?

Er kam zu Petrus, der ihn verleugnet hatte, zum zweifelnden Thomas, zu den Jüngern, die sich ängstlich versteckten, und zu den beiden Männern, die nach Emmaus trotteten, voller Trauer über den Verlust ihres Herrn.

Sie brauchten Vergewisserung.

Du nicht, Maria. Du wusstest es schon.

Ist das der Grund, weshalb du nicht weinend bei seinen Nachfolgern warst, die ihn alleingelassen hatten? Sie, die noch nicht wussten, dass aufgrund des Opfers deines Sohnes – der Gott und Mensch zugleich war, der Retter der Welt – der Vorhang zerriss, der uns von seinem himmlischen Vater trennte.

An jenem herrlichen ersten Ostermorgen, dem Auferstehungstag, der der Welt Erlösung brachte, hallten gewiss in deinem Herzen die Lieder wider, welche die Engel in jener Nacht sangen, als dein Baby geboren wurde.

Dein Sohn, dem du Leben gabst, trug die Sünde der Welt. Der Auftrag, den der Engel dir gegeben hatte, war erfüllt. Die Prophezeiungen des Alten Testaments waren erfüllt. Und die Türen des Himmels öffneten sich allen, die die Entscheidung trafen, an ihn zu glauben.

Noch immer gilt dieses Versprechen. Jeder Mensch kann den Ostermorgen mit Hoffnung und Freude begrüßen, mit himmlischem Sonnenschein im Herzen. Wir können mit den Engeln Halleluja singen, weil der Tod deines Sohnes dies ermöglichte.

Durch ihn können wir nicht nur ewiges Leben haben, sondern auch ein Königskind-Leben hier auf Erden.

Hat dieses erfüllte Versprechen deinen Schmerz fortgewaschen? Hat sich dein Leiden gelohnt?

O Maria, ich hoffe, ja!

Drei Lichter im Fenster

Haben Sie sich jemals gefragt, warum wir in der Weihnachtszeit Kerzen ins Fenster stellen? Hier ist die Antwort: Im 17. Jahrhundert führten die britischen Eroberer in Irland strenge Gesetze ein, die darauf abzielten, irische Traditionen auszulöschen. Es war den Iren verboten, zu wählen, ihre Kinder zur Schule zu schicken, Land zu erwerben oder ein Pferd zu besitzen, das mehr als 17 Euro wert war. Irische Priester wurden aus dem Land vertrieben und unter Androhung der Todesstrafe davor gewarnt, jemals zurückzukommen.

Trotz der eisernen Hand der Eroberer stellten gläubige irische Familien am Heiligabend jeweils eine einzelne Kerze in drei Fenster – oder drei Kerzen in ein Fenster –, die Josef, Maria und Jesus repräsentierten. Diese Kerzen waren ein Zeichen für einen reisenden Priester, dass die Tür offen und er willkommen war, einzutreten, mit der Familie zu essen und das Christfest zu feiern.

Diese irischen Gläubigen verstanden – um es mit den Worten des Apostels Johannes zu sagen –, dass Jesus das Licht ist, das in der Dunkelheit scheint, „und die Dunkelheit konnte es nicht auslöschen“ (Johannes 1,5; NL). Ganz egal, wie viele Gesetze in Kraft treten, um die Versammlung der Heiligen auszulöschen, solche Gesetze sind dem Licht der Welt in keiner Hinsicht gewachsen!

Das Gelübde

Jakob Zopfi

Früh war es Abend und dunkel geworden. Dicke graue Wolken bedeckten den Bodensee und die verschneiten Hügel, Felder und Dörfer. Da war kein Stern, kein Mondschein. Trübes Lampenlicht fiel auf die menschenleeren Straßen, die zur Linken und Rechten von aufgetürmten Schneemauern eingesäumt waren. Aber in der warmen Stube war es heimelig. Es war der Vorweihnachtstag und es herrschte überall frohes Treiben. Weihnachten sollte für uns etwas Besonderes werden.

Schon tobte der Zweite Weltkrieg ein ganzes Jahr. Eine Furie aus Feuer und Stahl hatte ganze Länder niedergewalzt. Auch unser Land war von Krieg führenden Nationen eingekeilt. Wie so oft machte mir das Dröhnen der Bomber, das die Fenster und Wände erzittern ließ, Angst! Ist heute Konstanz dran? Aber dann ging es auf der anderen Seite des Sees los – in Friedrichshafen. Am Nachthimmel entlud sich ein Feuerwerk. Bündel von Scheinwerfern suchten nach feindlichen Flugzeugen.

„Christbäume“ leuchteten als Markierung für die Bombenabwürfe auf. Und dann das Wummwumm des Infernos, wenn die tödlichen Ladungen am Boden detonierten. Oft war der vom Feuer gerötete Himmel bis nach Stuttgart zu sehen.

Mit der Generalmobilmachung hatte für uns Jungen ein munteres Treiben begonnen. Zwar war mir mulmig ums Herz geworden, als ich Vater inmitten vieler Soldaten in Uniform entdeckt hatte. Beim Abschied hatte Mutter geweint, und ich hatte es gesehen, auch wenn sie es vor mir zu verbergen suchte. Die Zeit war damals schon vorbei, in der ich meinen blonden Wuschelkopf in ihren Schoß legte.

Mein Vater stand in diesem Augenblick mit vielen anderen in den Schützengräben in vorderster Linie an der Grenze. Am nächsten Morgen sollten sie kommen. Feindliche Jagdflugzeuge donnerten bereits über die Abwehrstellungen. Es war eine lange Nacht, kaum jemand konnte ein Auge zutun. Vaters Gedanken waren bei seiner Frau, meiner Mutter, bei meiner zwei Jahre älteren Schwester, bei mir – und beim Sterben.

In diesem Moment gelobte er: „Oh Gott! Wenn ich hier nochmals rauskomme, werde ich dich suchen!“

Die Einladung des Kameraden

In den nasskalten Tagen wurde Vater rheumakrank. Bohrende Schmerzen zogen über seine Schultern, und es war ihm unmöglich, auch nur einen Arm zu heben. So ging er von Lazarett zu Lazarett, aber er fand keine Hilfe. Es waren dunkle Tage.

Am 6. Dezember hatte Vater Urlaub. Ein Kamerad hatte ihn zu einer „Evangelisation" eingeladen. Was genau das sein sollte, wusste er nicht. Aber sein „Gelübde" hatte ihn nicht losgelassen. Es war tiefer Winter und kaum Leute auf der Straße. Als er in dem gefüllten, dumpfen Saal im Nachbarstädtchen ankam, war Vater erleichtert, keine Bekannten zu sehen.

Eine Handvoll Salutisten sang: „Lass den Sonnenschein herein, lass den Sonnenschein herein …" Nur aus der anschließenden Predigt wurde er nicht klug.

Aber in den folgenden Tagen ging ihm das Lied immer wieder nach: „Lass den Sonnenschein herein, lass den Sonnenschein herein …"

Nach der Veranstaltung hatte der Kamerad auf dem Heimweg gesagt: „Kommst du mal mit in die Gemeinde?"

Es waren noch einige Tage bis Weihnachten und Vater hatte Zeit. So huschte er an einem Abend in den Gemeindesaal. Wieder ging ihm das Singen ans Herz. „Welch ein Freund ist unser Jesus …" Und wie sie sangen!

Still kam in ihm die Frage auf: „Hast du eigentlich einen Freund?"

Anschließend fragte der Prediger, wer krank sei, und lud alle Kranken ein, die Hand hochzuheben. Vater konnte und wollte wohl auch nicht. Doch als der Prediger von der Kanzel aus betete, durchflutete seine Schultern eine wohlige Wärme. Vorsichtig versuchte er, die Arme etwas anzuheben. Es ging!

Überraschung, Zweifel, Jubel – alles miteinander tobte in seinem Herzen. Auf dem Heimweg erfolgte der eigentliche

Test. Vater hob die Arme auf, wieder und wieder – es ging, ohne jede Schmerzen!

Zu Hause ging Vater ganz allein auf die Knie. Tränen flossen ihm über die Wangen, und zum ersten Mal betete er, wie er es in der Gemeinde gehört hatte: „Jesus, Jesus, Herr Jesus – ich danke dir!"

Nun musste es seine Frau wissen. Vater erzählte eins nach dem andern und demonstrierte seine Heilung. Mutter schaute mit ihren großen blauen Augen fragend zu. Ihre Lippen wurden schmal, sie schüttelte sachte ihren Lockenkopf. Das Ganze war ihr fremd, fromm und peinlich.

Ein himmlischer Geschenkekorb

Und nun kam der Vorweihnachtstag. Wir Kinder waren voll sprudelnder Vorfreude. Ach, waren die Stunden lang, bis das Brutzeln in der Küche begann und Vater und Mutter in der Stube den Weihnachtsbaum und die Geschenke vorbereiteten! Eintritt strengstens verboten! Bis das silberne Glöckchen ertönte.

Bei allem Großen, das Vater erlebte, hatte er doch eine Sorge. Aus dem Lazarett geheilt entlassen, hatte er zwar Weihnachtsurlaub, aber bei uns gab es neben etwas Kartoffelbrot nichts zu essen. Wir mussten nie hungern, doch ärmlich ging es schon zu.

Nun saßen Vater und Mutter zusammen.

„Schatz", sagte mein Vater, „glaubst du nicht, dass Jesus uns etwas schenken könnte, und sei es nur um der Kinder willen?

Wollen wir nicht beide auf die Knie gehen und ihn darum bitten?“

Wieder wurden die Lippen meiner Mutter schmal, wieder schüttelte sie sachte den Kopf.

Da kniete mein Vater nieder – Mutter blieb sitzen – und betete: „Herr Jesus, du weißt, dass wir jetzt nichts haben. Du aber kannst uns etwas schenken. Bitte, Jesus!“

Anschließend stand er auf und gab Mutter einen Kuss.

Der Dorflehrer kannte Vater aus Vereinen und nahm Anteil an unserer Familie. Ihm kam ins Herz, dass es bei uns nicht gut stehen würde, und so organisierte er einen großen Korb voll mit Kartoffeln, Mehl, Butter, Würsten, ja einem großen Stück Fleisch. Sogar eine Handvoll Mandarinen war dabei. Still stellte er den Korb vor unsere Wohnungstür und huschte davon.

Als Vater die Wohnung verlassen wollte, traute er seinen Augen nicht. Er rief: „Mutter! Mutter, Kinder! Das muss ein Engel gewesen sein!“

Und jetzt standen wir alle da, voller Staunen, was da ein Engel hingestellt hatte. Mutter wischte die Tränen ab. Aber dann begann ein fröhliches Treiben. Bald roch es nach Anis und Mailänderli, bis dann, endlich, endlich, das silberne Glöckchen ertönte.

Auf den Knien

War das ein Anblick! Aber obwohl die Kerzen am Weihnachtsbaum brannten und ihr Flackern sich in den bunten Kugeln und in unseren weit geöffneten Augen widerspiegelte, rief

Vater uns zum Stubentisch und las uns zum ersten Mal die Weihnachtsgeschichte vor: „Es begab sich aber zu der Zeit, dass ein Gebot von dem Kaiser Augustus ausging …"

Als er mit dem Lesen fertig war, bat er uns, uns mit ihm niederzuknien. Zum ersten Mal knieten Vater und auch Mutter und wir Kinder nieder, und Vater betete laut. Meine Schwester und ich machten große Augen, doch scheu spürten wir, dass etwas Großes geschah.

Nach dem „Amen" standen wir auf, und bevor wir uns auf die Geschenke stürzen durften, sang Vater mit seiner sonoren Stimme zusammen mit uns: „O du fröhliche, o du selige, gnadenbringende Weihnachtszeit!"

Frieden mit Gott

Weihnachten. Jahrzehnte sind vergangen. Was damals begann, hat in unserer ganzen Familie eine wunderbare Fortsetzung gefunden. Vater ist vor Jahren, Mutter vor Kurzem gestorben. An diesem Tag zieht es mich zu ihrem Grab. Wieder ist tiefer Winter, und ich schreite durch den knirschenden Schnee hinauf zum Friedhof. Aus dem dunklen Himmel schneit es sachte. Es ist kalt. Wie ich durch das Tor auf den Friedhof trete, hat der frische Schnee die Pinien, Trauerweiden und Gräber zugedeckt wie mit einem großen Leichentuch.

Mir ist schwer ums Herz, und mir kommt ein Lied in den Sinn: „Über allen Gipfeln ist Ruh, in allen Wipfeln spürest du kaum einen Hauch … Warte nur, warte nur, balde ruhest auch du."

Dann gehe ich ein paar Reihen hinüber zu Mutters Grab. Auch ihr Heimgang war uns ein Wunder. Obwohl eigentlich nicht krank, spürte sie, dass es heimging.

„Wilfried", sagte sie zu unserem Prediger, „Wilfried, sing mit mir noch das Lied: ‚Fass meine Hand, ich bin so schwach und hilflos', und dann noch eins: ‚Wenn Friede mit Gott meine Seele erfüllt, mir ist wohl, mir ist wohl in dem Herrn.'"

Und schon eine Stunde später war sie daheim. Auf ihrem Grabstein steht: „Der Herr ist mein Hirte."

Das Schneien hat aufgehört. Und auf einmal geben die grauen Schneewolken die halbe Scheibe der golden leuchtenden Nachmittagssonne frei. Ihre milden Strahlen lassen den Schnee auffunkeln, als brennten tausend Kerzen.

Und in mir fängt es an zu singen, stärker und stärker, als wäre mein Lied von einer Orgel getragen: „Welt ging verloren, Christ ist geboren, freue, freue dich, o Christenheit!"

Das grösste Geschenk

Lee Strobel

Im Nachrichten-Büro der *Chicago Tribune* war es schaurig still am Heiligabend. Während ich am Schreibtisch saß und wenig zu tun hatte, wanderten meine Gedanken immer wieder zu der Familie, die ich vor einem Monat getroffen hatte, als ich an einem Bericht über die ärmsten Menschen in Chicago arbeitete.

Die Delgados – die 60-jährige Perfecta und ihre Enkelkinder Lydia und Jenny – mussten aus ihrem ausgebrannten, von Kakerlaken befallenen Mietshaus fliehen und lebten nun in einer winzigen Wohnung im Westen Chicagos. Als ich dort eintrat, konnte ich kaum glauben, wie leer die Wohnung war: keine Möbel, kein Teppich, kahle Wände – nur ein kleiner Küchentisch und eine Handvoll Reis. Das war's. Sie waren buchstäblich besitzlos.

Die 11-jährige Lydia und die 13-jährige Jenny besaßen jeweils nur ein kurzärmliges Kleid und eine dünne graue Jacke, die sie sich teilten. Die Schule war etwa einen Kilometer entfernt. Wenn sie die Strecke trotz eisiger Kälte zu Fuß liefen, trug Lydia die Jacke auf dem ersten Stück und gab sie dann ihrer zitternden Schwester, die sie den Rest des Weges anzog.

Doch trotz ihrer Armut sprach Perfecta zuversichtlich über ihren Glauben an Jesus. Sie war überzeugt davon, dass er sie nicht verlassen hatte. Nie spürte ich Verzweiflung oder Selbstmitleid in ihrem Zuhause; stattdessen füllte ein sanfter Hauch von Hoffnung und Frieden den Raum.

Ich schrieb den Artikel über die Delgados und wandte mich bald spannenderen Aufträgen zu. Aber während ich an diesem Heiligabend an meinem Schreibtisch saß, kämpfte ich mit der Ironie der Situation: Diese Familie hatte nichts außer ihrem Glauben und schien glücklich zu sein. Ich hatte alles, was ich materiell brauchte; mir mangelte es nur an Glauben – und ich fühlte mich innerlich so leer und öde, wie es die Wohnung der Delgados war.

Ich ging zur Rezeption der Zeitung und ließ mir die Schlüssel für einen Dienstwagen geben. Es war ein lahmer Tag, was Nachrichten anging; keinerlei Ereignisse, die größere Konsequenzen nach sich ziehen würden. Außerdem konnte mein Chef mich anrufen, falls irgendetwas passieren sollte. Unterdessen würde ich in die West-Homer-Straße fahren und nachsehen, wie es der Familie Delgado ging.

Beschenkt und Beschenken

Als Jenny die Tür öffnete, traute ich meinen Augen kaum. *Tribune*-Leser hatten auf meinen Artikel geantwortet und die Delgados mit einem Schatz von Geschenken überschüttet – ganze Räume voller Möbel, Haushaltsgeräte und Teppiche; ein prachtvoller Weihnachtsbaum mit Stapeln von Geschenken darunter; Karton um Karton mit Essen und eine schwindelerregende Auswahl an Kleidung, einschließlich warmer Winterjacken, Schals und Handschuhen. Außerdem hatten Leser Tausende Dollar an Bargeld gespendet.

Die Flut an Geschenken überraschte mich, aber noch viel mehr staunte ich darüber, wobei mein Besuch die Familie unterbrach: Perfecta und ihre Enkeltöchter bereiteten sich darauf vor, viel von ihrem neuen Reichtum zu verschenken.

Als ich Perfecta nach dem Grund fragte, antwortete sie in ihrem unsicheren Englisch: „Unsere Nachbarn sind immer noch bedürftig. Wir können nicht so viel besitzen, während sie nichts haben. Das ist es, was Jesus tun würde."

Das haute mich glatt um! Wenn ich in ihrer Lage gewesen wäre, hätte ich alles gehamstert. Ich fragte Perfecta, was sie über diese Großzügigkeit dachte.

Wieder verblüffte mich ihre Antwort: „Das ist wunderbar! Das ist sehr gut", sagte sie, während sie auf die Berge zeigte. „Wir haben nichts getan, um das zu verdienen – das ist ein Geschenk Gottes. Aber", fügte sie hinzu, „das ist nicht das größte Geschenk. Nein, das größte Geschenk feiern wir zu Weihnachten. Das ist Jesus."

Für sie war das Kind in der Krippe das unverdiente Geschenk, das ihr alles bedeutete – mehr als alle materiellen Besitztümer, mehr als Komfort und Sicherheit.

Sehnsucht

Von diesem Augenblick an wollte etwas in mir ganz verzweifelt diesen Jesus kennenlernen – weil ich ihn auf eine ganz besondere Art in Perfecta und ihren Enkeltöchtern sah. Sie hatten Frieden trotz Armut, während ich in Angst lebte trotz Wohlstand; sie kannten die Freude der Großzügigkeit, während mir nur die Einsamkeit der Ehrgeizigen vertraut war. Sie suchten Hoffnung himmelwärts, während ich oft nur meinen Vorteil suchte. Sie erlebten die Wunder der geistlichen Welt, während ich gekettet war an die Oberflächlichkeit der materiellen – und etwas in mir sehnte sich nach dem, was sie besaßen. Oder genauer gesagt, nach dem Einen, den sie kannten.

Darüber dachte ich nach, während ich kurze Zeit später zum *Tribune*-Turm zurückfuhr. Aber plötzlich unterbrach das Knistern meiner Walkie-Talkie-Anlage im Auto meine Gedanken. Es war mein Chef. Er schickte mich zu einer neuen Aufgabe. Wieder in die Realität gerissen, ließ ich die Gefühle sich langsam zerstreuen, die ich in der Wohnung der Delgados gespürt hatte. Und das war, dachte ich nach einiger Zeit, wahrscheinlich eine gute Sache.

Ich war vorsichtig, wenn Gedanken an die Delgados über die Jahre hinweg wieder auftauchten. Schließlich war ich keine Person, die sich von ihren Gefühlen treiben ließ. Als Journalist war ich mehr an Fakten interessiert, an Beweisen, Daten und konkreter Information. Jungfrauen werden nicht schwanger, es gibt keinen Gott, der ein Baby wird, und Weihnachten ist eine jährliche Konsumorgie, die von Amerikas geballter Gier angeheizt wird. So dachte ich jedenfalls.

Fakten und Urteil

Doch dann verbrachte ich fast zwei Jahre damit, die Identität des Christkindes zu erforschen. Danach war ich reif für ein Urteil. Die Beweislage war für mich klar, überwältigend und überzeugend. Ja, Weihnachten ist ein Fest, das von allen möglichen Fantasiegeschichten überschattet wird, von fliegenden Rentieren bis zu Santa Claus, der durch den Schornstein steigt. Aber ich wurde immer überzeugter davon, dass wir, wenn wir uns zum Kern durchbohren, zu dem Schluss kommen werden, dass Weihnachten auf einer historischen Tatsache basiert: der Inkarnation. Gott wird Mensch. Der Geist nimmt Fleisch an. Der Unendliche tritt in die Begrenztheit. Der Ewige wird durch die Zeit gebunden. Das ist geheimnisvoll. Aber dieses Mysterium wird von Fakten untermauert, die zu stark sind, wie ich heute glaube, als dass wir sie einfach ignorieren könnten.

Ich musste an den Punkt kommen, an dem ich bereit war, das Weihnachtsgeschenk anzunehmen, von dem mir Perfecta Delgado vor Jahren gesagt hatte: „Die freie Liebe und Gnade des Christuskindes gelten jedem, der ihn, Jesus, annimmt in Buße und Glauben."

Sogar jemandem wie mir.

Also sprach ich mit Gott in einem Gebet, das von Herzen kam und nicht journalistisch überarbeitet war. Ich gab meine Schuld zu und wollte mich von ihr abwenden. Ich nahm sein Angebot der Vergebung und des ewigen Lebens durch Jesus an und sagte ihm, dass ich ihm mit seiner Hilfe folgen und in Zukunft seine Wege gehen wollte.

Ich hörte keinen Engelschor, sah keine Blitze aufleuchten, spürte keine kitzelnden Gefühle und vernahm keine hörbare Antwort. Ich weiß, dass manche Menschen einen Ansturm von Gefühlen erleben in so einem Moment. Ich dagegen spürte etwas, das gleichsam berauschend war: einen Ansturm von Vernunft.

Mit den Jahren kam noch mehr dazu. Während ich danach strebte, dem zu folgen, was Jesus gelehrt hatte, und mich seiner umwandelnden Kraft zu öffnen, veränderte sich einiges: meine Prioritäten und Werte, mein Charakter und Weltbild, meine Einstellung und Beziehungen – und zwar zum Besseren! Es war eine ernüchternde Bestätigung der Worte, die einst der Apostel Paulus schrieb: „Wenn jemand in Christus ist, so ist er eine neue Kreatur. Das Alte ist vergangen, siehe, Neues ist geworden" (2. Korinther 5,17).

Hirten und Weise

Und was ist mit Ihnen? Vielleicht ähnelt Ihr nächster Schritt denen der Hirten im ersten Jahrhundert, und Sie sollten sich aufmachen, um die Beweislage zu erforschen. Sie können Antworten auf die Fragen finden, die Sie davon abhalten, Jesus nachzufolgen. Ich hoffe, dass Sie, wenn einmal die Beweislage geklärt ist, Ihr eigenes Urteil über den „Fall von Weihnachten" fällen.

Oder vielleicht sind Sie mehr wie die Weisen aus dem Morgenland. Durch eine Reihe von Umständen – auch dadurch, dass Sie diesen Text lesen – haben Sie sich durch den ganzen Glitzer- und Ablenkungsrummel um Weihnachten herum manövriert und stehen nun vor dem Baby, das Ihr Leben und Ihre ewige Bestimmung verändern kann.

Nur Mut! Sprechen Sie mit ihm. Geben Sie ihm Ihr Lob und Ihr Leben. Und lassen Sie sich das geben, was Perfecta Delgado das „größte Geschenk" genannt hat: ihn selbst.

Kapitel 2:

Schutzengel unterwegs

Nirgends in der Bibel tauchen so viele Engel auf wie in der Weihnachtsgeschichte. Ein Hauptauftritt folgt dem anderen: Sie erscheinen, verkünden, singen, führen, beschützen und warnen. Nicht pausbäckig und niedlich, sondern stark und erstaunlich.

Durch sie werden Gottes Liebe, Macht und Fürsorge sichtbar. Damals wie heute. Sie wachen über uns Menschen, wenn auch nicht immer so offensichtlich wie in Bethlehem.

Wer weiß, wo sie Ihnen bereits begegnet sind?

„Denn er hat seinen Engeln befohlen über dir, dass sie dich behüten auf allen deinen Wegen."
Psalm 91,11

Schutzengel

Marion Stroud

Hätte vorher jemand behauptet, dass ich zu so etwas imstande sei, wäre ich todbeleidigt gewesen. Immerhin war ich stolz darauf, recht organisiert und effizient zu leben.

Wenn ich ähnliche Geschichten in der Zeitung las, reagierte ich ungläubig mit den Worten: „Wie konnte so etwas nur passieren?!"

Eine Mutter, die sich in solch eine Lage hineinmanövrierte, war ganz gewiss nicht die Art von Mutter, die ich sein wollte.

Aber das war alles, bevor ich selbst Kinder hatte. Als Mutter sammelte ich Erfahrungen aus erster Hand, wie unaufhörlich die Bedürfnisse von Kleinkindern sind. Ich bekam am eigenen Leib zu spüren, wie ein winziges Baby einen rationalen Erwachsenen in einen wahnsinnigen Automaten verwandelt, der sich ständig in einem verlorenen Kampf befindet und gleichzeitig weiß, dass noch mehr Aufgaben auf ihn warten.

Stress pur

Jener Wintertag war besonders hektisch. Es war Freitag, und eine Studienfreundin wollte übers Wochenende zu Besuch kommen. Sie hatte mich während unseres Studiums immer wieder mit ihren häuslichen Fähigkeiten beeindruckt. Ich dagegen wusste damals gerade mal, wie man ein Ei kocht. Wir hatten uns seit meiner Hochzeit nicht mehr gesehen, und ich setzte viel daran, dass alles perfekt aussah und sie meine schmerzlich errungenen Hausfrauenqualitäten nicht übersehen würde. Den ganzen Tag wirbelte ich durchs Haus, putzte, ordnete und backte, während mir mein zweijähriger David auf Schritt und Tritt folgte und sich weigerte, irgendetwas anderes zu tun, als mir zu „helfen".

Die Uhrzeiger schienen sich doppelt so schnell zu drehen wie sonst, aber irgendwann war endlich alles geschafft, und mein sechs Wochen alter Angus schlief schließlich im Kinderwagen ein. Die Dunkelheit brach langsam über der Stadt herein, als ich David in seinen Mantel steckte und ein paar weitere Decken über mein Baby legte.

Dann erinnerte ich mich an das Brot. O nein! Ich hatte vergessen, ein zusätzliches beim Bäcker zu bestellen. Also musste ich auf dem Weg zum Bahnhof noch beim Supermarkt anhalten und eins kaufen.

Hundemüde und genervt wie selten rannte ich ins Haus und suchte im Flur die Räder des Kinderwagens. Normalerweise trug ich den oberen Teil des Wagens den kurzen Weg vom Haus zum Auto, aber an diesem Abend war mir das zu viel.

Ich stellte die Räder auf, setzte den oberen Teil darauf und eilte zum Auto, das schon am Straßenrand geparkt war. Als ich das Gartentor öffnete, drängelte sich David neben mir durch die Tür und stürzte schnurstracks auf den Fahrradweg zu, wo ihn ein wütender Radler fast rammte. Schnell nahm ich David auf den Arm und schubste ihn ins Auto, wo ich ihn anschnallte.

Noch ein flüchtiger Blick auf die Uhr und schon startete ich erleichtert seufzend das Auto. Es sah so aus, als würde ich gerade noch rechtzeitig zum Bahnhof kommen, bevor der Zug eintraf.

Aber vorher noch das Brot!

„Du bleibst im Auto", wies ich David an, „und pass auf Angus auf!"

Schon sprang ich aus dem Auto und rannte über den Parkplatz. Ruckzuck lief ich durch die Tür, schnappte mir ein Brot und rannte wieder raus.

Schreck am Bahnhof

Innerhalb von zehn Minuten trafen wir vor dem Bahnhof ein. Gerade strömten die ersten Reisenden aus London auf den Platz. Flott sprang ich aus dem Auto und nahm meiner Freundin den Koffer ab.

„Wir stellen deinen Koffer hinten rein neben das Baby", sagte ich fröhlich, während ich um unseren Kombi herum lief und den Kofferraum öffnete.

Dann verschlug es mir die Sprache. Vor Schreck gelähmt starrte ich in den Kofferraum. Dort war kein Kinderwagen. Ich schaute in alle Ecken und konnte es kaum glauben. Ich kletterte in den Kofferraum und schaute auf die Rückbank. Aber da war auch kein Baby. Nur David saß dort, fest angeschnallt in seinem Kindersitz.

Ich fühlte mich wie in einem abscheulichen Albtraum und zwang mich nachzudenken. Hätte irgendjemand das Auto öffnen und das Baby stehlen können, während ich im Supermarkt war? Nein. Das war unmöglich ohne Schlüssel. Dann wurde mir klar, was passiert war. Als David auf die Straße rannte, ließ ich den Kinderwagen los, um ihn zu retten. Anschließend muss ich einfach losgefahren sein, während der Kinderwagen auf dem Fußgängerweg stehen blieb.

In das Wirrwarr meiner Gedanken, die durch meinen Kopf rasten, mischten sich Teile eines Bibelverses, den meine Großmutter mir immer wieder gesagt hatte. Darin ging es irgendwie darum, dass Kinder Schutzengel haben, die ständig in Gottes Gegenwart stehen (Matthäus 18,10). Glaubte ich das? Ich war mir nicht sicher.

Während ich mein Auto durch den Berufsverkehr lenkte, konnte ich nur immer wieder flüstern: „Oh Gott, bitte beschütze ihn.“

All die Geschichten von entführten Kindern, die ich je gehört hatte, überfluteten meine Gedanken. Was würde ich tun, wenn er weg wäre?

Müsste ich zur Polizei gehen und sagen: „Es tut mir leid, aber ich habe mein Baby auf dem Fußgängerweg stehen gelassen und bin ohne es weggefahren!“?

Die würden doch bestimmt denken, ich sei verrückt! Und wie sollte ich meinem Mann erklären, dass ich unseren zweiten ersehnten und geliebten Sohn vergessen hatte? Das würde er mir nie glauben. Ich konnte es ja selbst kaum glauben!

Selbst wenn unser Baby nicht gekidnappt worden ist, schoss es mir durch den Kopf, würde es doch eine Lungenentzündung bekommen. Es ist ein dunkler, kalter Winterabend und ich war über eine halbe Stunde weg!

Wilde Fahrt nach Hause

Alle Ampeln standen auf Rot und dichter Verkehr verstopfte die Straßen. Ich fuhr so schnell, wie ich es mich traute, aber der Weg nach Hause schien endlos. Meine Freundin saß neben mir mit vor Schreck erstarrtem Gesichtsausdruck. So viel zum Thema: „Ich besuche eine göttliche Hausfrau und Mutter."

Keiner von uns sprach auch nur ein Wort. Endlich bogen wir in unsere Straße ein, wo ich vor unserem Haus quietschend haltmachte. Tränen der Dankbarkeit und Erleichterung strömten über mein Gesicht. Da auf dem Fußgängerweg stand der Kinderwagen mit seinem winzigen Insassen, der immer noch friedlich schlief. Um ihn herum stand ein besorgter Kreis von fünf zufällig Vorübergehenden – Schutzengel, in Mäntel gehüllt.

Mein Mann nahm die Nachricht recht gelassen auf. „Vielleicht lehrt dich das, nicht die Arbeit von zwei Tagen in einen reinzuquetschen", bemerkte er mit einem leisen Lachen in der Stimme.

Vielleicht hat es das. Wenn ja, dann war es eine Lektion, die ich noch Jahre später umzusetzen versuche. Aber in den folgenden urkomischen, haarsträubenden Jahren des Familienlebens musste ich eine weitere Sache lernen: Angus, unser rothaariges, sommersprossiges Energiebündel, zählt zu jenen Kindern, die zur Sorge „geboren (sind), wie die Funken nach oben fliegen“ (Hiob 5,7). Und ich bin dankbar, dass mir dieses Erlebnis schon ganz früh in seinem Leben gezeigt hat, dass er unter dem Schutz eines liebenden, allmächtigen Vaters steht.

Weihnachtsengel

Margitta Rosenbaum

Mit dem ersten Advent verwandeln sich die Wohnzimmer in meiner Heimat in kleine Ausstellungsräume für Weihnachtsdekoration. Ganze Orchester von Weihnachtsengeln bevölkern die Vitrinen. Mit allen möglichen Instrumenten stimmen sie das Lob des neugeborenen Kindes an. In vielen Familien kommt traditionell jedes Jahr ein neues Englein dazu. Kürzlich traf ich eine Frau, deren Orchester schon über 80 Engel zählt. Und im letzten Jahr, so berichtete sie, hatte sie sich von jedem einzeln verabschiedet, als sie zurück in die Schachtel und auf den Dachboden wanderten.

Ich habe ein eher gebrochenes Verhältnis zu diesen netten Figuren. Vielleicht liegt es einfach daran, dass ich nicht so gerne Staub wische. Wenn ich an Weihnachten denke, dann fallen mir ganz andere Engel ein. Sie sind nicht so zierlich, sondern eher handfest. Es sind nicht so viele, dass ein ganzes Orchester daraus werden könnte. Aber ich hege freudige Erinnerungen an jeden einzelnen. Sie haben weder eine Flöte noch eine Violine in der Hand. Meine Weihnachtsengel haben eine Bohrmaschine oder eine Schneefräse.

Seit ich alleine lebe, habe ich eine ganz neue Sicht für die Frömmigkeit meiner Mitmenschen entwickelt. Es gibt viele gute Christen. Aber manchmal habe ich den Eindruck, dass sie alle weit weg von mir wohnen, denn mit der Adventszeit kommt bei mir zu Hause auch der Schnee. Manche Leute behaupten ja, dass zu Weihnachten unbedingt die entsprechende Kulisse einer schön verschneiten Landschaft gehört. Bei mir fällt dieser Schnee sehr oft. Und weil ich einen riesigen Hof habe, bedeutet das, dass ich im Winter manchmal stundenlang mit Schneeräumen beschäftigt bin.

Solange es schöner Pulverschnee ist, beklage ich mich nicht. Eine Stunde Schneeschieben oder zwei, das kann ich noch mit einem Lächeln unter dem Stichwort „persönliches Fitnessstudio" abhaken. Aber ich verbinde mit dem Schnee auch manchen Tag, an dem mich der Mut verlassen wollte.

Allein auf weiter Flur

Schlimm ist es vor allem dann, wenn ich morgens früh mit dem Auto wegmuss. Oft ist es mir nicht möglich, die Ausfahrt vom Grundstück rechtzeitig frei zu bekommen, und ich muss mich dafür sehr plagen. Allein auf weiter Fläche den Schnee zu schieben, da macht sich schnell ein Gefühl der Einsamkeit breit. Jedenfalls fühle ich mich oft restlos überfordert, denn es geschieht nicht selten, dass ich an einem Tag gleich drei Mal eine Stunde mit dem Schneeschieber ans Werk muss. Und am nächsten Tag gleich wieder und am Tag darauf ebenso. Ich gestehe, dass ich manchmal geweint habe, wenn ich die Haustür öffnete und der Schnee schon wieder höher lag als die Treppenstufen.

Ja, und genau an dieser Stelle begann ich, meine Weihnachtsengel zu sammeln. Ich kann sie alle mit Namen nennen: Sie heißen Thomas und Klaus und Matthias. Der eine fährt in unserem Dorf den großen Schneepflug. An besonders schneereichen Tagen passiert es manchmal, dass er mit seinem riesigen Schiebeschild in meinem Hof in einem Zug die Bahn für mein Auto frei schiebt. Ein anderer besitzt eine kleine Schneefräse, und ich könnte jubeln, wenn er damit auch in meinem Hof ans Werk geht. Im vergangenen Jahr war es Thomas, ein Elektriker, der sich kurzfristig entschied, mir unentgeltlich die Stromleitung zu erneuern, die mir Sorgenfalten ins Gesicht geschrieben hatte. Unterstützt wurde er von seiner Frau Silke, die den Hammer in die Hand nahm, um alte Fliesen abzuschlagen. Derartige Helfer sind für mich kostbar. Zwar wollte die weihnachtliche Gemütlichkeit nicht so recht aufkommen, weil das Haus staubig und zeitweise ohne Strom war, aber wir nahmen uns trotzdem die Zeit, um bei Kaffee und Christstollen ein wenig zu plaudern.

Vielleicht sagt jetzt jemand: „Das klingt aber gar nicht romantisch, und was hat das mit Weihnachten zu tun?"

Für mich sind all diese lieben Menschen Vermittler der Liebe Gottes. Was ist das Wichtigste an Weihnachten? Weihnachten bedeutet, dass Gott Mensch geworden ist. Er kam in unsere Welt, um uns ganz nahe zu sein. Wie froh bin ich, zu wissen, dass Jesus kam, um mich zu retten! Die Liebe und Nähe Gottes ist nicht nur eine Theorie oder eine schöne Geschichte. Gott kommt in meinen Alltag. Er kennt meine Sorgen und meine Tränen. Und er schickt mir seine himmlischen Helfer, manchmal in menschlicher Gestalt. Er kennt meine Kräfte, meine Finanzen und auch meine Gefühle. Gerade dann, wenn ich allein nicht weiterkomme, schickt er mir seine Hilfe.

In der Weihnachtsgeschichte verkünden die Engel große Freude: die Freude, dass Gott in diese Welt gekommen ist. Ich liebe die Weihnachtsbotschaft und die Weihnachtszeit. Kerzenschein, weihnachtliche Dekoration und viele Bräuche meiner Heimat weisen auf die große Freude hin, die Gott uns bereitet. Aber noch mehr freue ich mich, wenn ein handfester Engel mit Bohrmaschine mir zeigt, dass Gott mitten in meinem Alltag anwesend ist!

....

Kindermund

Im Kindergottesdienst sprachen wir über die Weihnachtsgeschichte. Ich fragte die Kinder, welches Lied die Engel denn gesungen hätten.

Micha (4) antwortete wie aus der Pistole geschossen: „Ehre sei Gott in der Höhle!“

Christine Bergfeld

Unser schwarzer Engel

Helen Lescheid

Unser drittes Kind wurde am 14. Dezember in Nairobi, Kenia, geboren. Wir nannten es Elisabeth Anne. Ich mochte den Namen *Elisabeth*, der „Gott geweiht“ bedeutet. Mein Mann fügte *Anne* hinzu und bemerkte: „Ihre Initialen stehen für ‚East Africa‘ (engl. Ostafrika).“

Das Krankenhaus von Nairob°i war sehr modern und wir wurden dort ausgezeichnet versorgt. Normalerweise war nach einer Geburt ein einwöchiger Klinikaufenthalt vorgesehen, doch ich bat den Arzt inständig, er möge mich schon früher nach Hause gehen lassen. Ich versprach, gut auf mich zu achten.

Mein Mann holte mich ab. Unsere anderen zwei Kinder waren auch mitgekommen: die fünfjährige Esther und der dreijährige David. Ehe wir zu unserer Missionsstation in den Aberdares-Bergen zurückkehrten, gingen wir noch einige Stunden einkaufen. Wo wir wohnten, war das nächste Geschäft weit weg, und so hatte ich noch überhaupt keine Weihnachtseinkäufe erledigt. Also lief ich mit einem neugeborenen Baby von Geschäft zu Geschäft und versuchte, schnell ein paar schöne Geschenke für unsere Kinder zu finden. Gut, dass der Arzt nichts davon wusste!

Als wir mehrere Stunden später nach Hause kamen, war es seltsam ruhig. Alle Missionare waren verreist, um Weihnachten zusammen mit Freunden zu verbringen. Wir waren allein.

Am ersten Weihnachtstag versammelte sich unsere kleine Familie im Wohnzimmer. Während unsere beiden größeren Kinder mit ihrem neuen Spielzeug spielten, stillte ich mein Baby. Ich warf einen flüchtigen Blick auf den spärlich geschmückten Weihnachtsbaum. Da wir keinen Strom hatten, gab es auch keine elektrischen Kerzen. Keine Weihnachtslieder im Radio. Kein lebhaftes Truthahn-Essen mit der Großfamilie am festlich gedeckten Tisch. Auf einmal überwältigte mich ein Gefühl von Einsamkeit. Wie sehr vermisste ich meine Familie in Kanada!

Marias Gebet

Dann dachte ich an Maria. Wie hatte sie sich wohl gefühlt, weit weg von zu Hause, mit einem neugeborenen Baby? Wohin gingen ihre Gedanken?

Neun Monate zuvor hatte der Engel Gabriel zu ihr gesagt: „Sei gegrüßt! Du bist beschenkt mit großer Gnade! Der Herr ist mit dir!“ (Lukas 1,28).

Wie hätten Sie diese Worte interpretiert? In unserer Kultur, in der alles möglichst angenehm sein soll, denken wir gleich,

„Gnade“ bedeutet Segen. Gott wird uns vor Schwierigkeiten beschützen, und alles wird gut. Wenn Maria das erwartet hätte, wäre sie sehr enttäuscht worden, denn das erste Weihnachten war alles andere als angenehm:

Politische Unruhe … die römische Regierung unterdrückte das Volk und belastete es mit hohen Steuern.

Ein Teenager-Paar, weit weg von Hause, war zusammen mit Fremden auf überfüllten Straßen unterwegs, müde und hungrig.

Kein Platz im Gasthaus.

Eine junge Frau in Geburtswehen.

Kein Arzt und keine Hebamme in der Nähe.

Kein Bett, in das Maria sich legen konnte. Stellen Sie sich das einmal vor! Ich habe fünf Geburten hinter mir und kann mir nichts Unbequemeres vorstellen, als hochschwanger auf dem Rücken eines Esels zu reiten.

Maria bringt Jesus in einem Stall zur Welt. Sie hüllt ihn, so gut es geht, in Tücher und legt ihn in eine Krippe.

Dann dachte ich an das Jesuskind. Wer war das?

„Der Sohn des Höchsten“, hatte der Engel gesagt. „Du sollst ihm den Namen Jesus geben, denn er wird sein Volk von seinen Sünden retten.“

Selbst er bekam keine Sonderbehandlung.

Ich schloss daraus, dass das erste Weihnachten uns etwas Wichtiges zeigt: Gott verhindert nicht, dass sein auserwähltes Volk Not leidet. Gute Menschen erleben schlimme Dinge.

Maria erwartete kein leichtes Leben. Trotzdem blieb ihre

Einstellung beständig: „Ich gehöre ganz und gar Gott. Alles geschehe nach seinem Willen. Ich bin bereit, anzunehmen, was auch immer er will" (vgl. Lukas 1,38).

Als ich über all das nachdachte, tat ich mir selbst immer noch ein wenig leid. Ja, aber Maria hatte Engel und Hirten, die Weihnachten für sie zu etwas Besonderem machten, dachte ich.

Und wissen Sie, Gott tat auch für uns etwas Besonderes. Auf einmal klopfte es laut an die Tür. Mein Mann öffnete, und da stand Pastor Benson, der kenianische Pastor einer Gemeinde in der Nähe. Er war gekommen, um uns „frohe Weihnachten" zu wünschen. Er muss gespürt haben, dass wir uns einsam fühlten, denn er blieb eine ganze Weile. Er war in jenem Jahr unser Weihnachtsengel!

Ich habe oft über dieses Weihnachten in Kenia nachgedacht. Ich hatte nichts von den Dingen, die in meinen Augen zu Weihnachten dazugehören. Und trotzdem war es das authentischste Weihnachten, das ich je erlebt habe. Es lehrte mich, dass Gottes Gnade seine beständige Gegenwart bedeutet – in guten wie in schlechten Tagen.

Seitdem habe ich Marias Gebet zu meinem eigenen gemacht: „Was auch immer das Leben mir bringt, es ist okay. Ich bin die Magd des Herrn und bin bereit, zu akzeptieren, was auch immer er will."

Heinze und das Wasserwunder

Daisy Gräfin von Arnim

Das 150 Jahre alte Gutshaus in der Uckermark, in dem mein Mann und ich seit 1995 leben, ist etwa 600 Quadratmeter groß. Dicke Lehmwände sorgen im Sommer für eine angenehme Kühle und speichern im Winter die Wärme aus unserer Holz-Zentralheizung.

600 Quadratmeter Wohnfläche sind ganz schön viel für zwei Personen, und so haben wir im Laufe der letzten Jahre drei Ferienwohnungen eingerichtet, die vor allem im Sommer bevölkert werden. Im sogenannten Gartenflügel sind die Geschäftsräume meiner Apfel-Firma untergebracht, wodurch es dort zumindest an den Arbeitstagen sehr geschäftig zugeht. Freitagnachmittags, wenn alle Feierabend gemacht haben, durchzieht das Haus aber eine wundervolle Ruhe. Die enorme Größe unseres Zuhauses sowie die Tatsache, dass wir es alleine

bewohnen, wären uns jedoch einmal fast zum Verhängnis geworden.

Es war kurz vor Weihnachten. Gerade hatten wir Heinze bei uns aufgenommen, einen Obdachlosen, den wir bei klirrender Kälte in Prenzlau von der Straße aufgesammelt hatten.

Eines Nachts rief er aufgeregt unter unserem Fenster hoch: „Da löft det Wasser!"

Eine Leitung im Gartenflügel hatte den Frost nicht ausgehalten und war geplatzt. So kam es, dass Heinze, der in diesem Teil des Hauses sein Zimmer hatte, von dem heftigen Geplätscher wach geworden war.

Schlotternd schippten und wischten wir in unseren Bademänteln bei Eiseskälte das Wasser aus der Backküche im ersten Stock. Aufgedunsene Apfelringe schwammen auf dem Wasser herum. Und wir versuchten, einen romantischen Aspekt bei dieser Tätigkeit zu finden und die Angelegenheit mit Humor zu nehmen, denn die Küche hätte ohnehin renoviert werden müssen. Auf diese Weise hingen die Tapeten, die noch aus DDR-Zeiten stammten, wenigstens schon zum Abziehen bereit an der Wand herunter. Doch nicht auszudenken, was passiert wäre, wenn das Wasser die ganze Nacht unbemerkt über die Lehmwände gelaufen wäre!

Heinze entpuppte sich als unverhoffter Schutzengel und lebte danach noch fast zwei Jahre bei uns.

Geschärfte Sinne

Ich wünschte, das wäre das einzige „Wasserwunder" gewesen, das wir erlebten. Doch in den folgenden Jahren gab es noch drei ähnliche Situationen, und jedes Mal hat Gott uns vor größerem Schaden bewahrt. Zum Beispiel ging ich gerade rechtzeitig in den Keller, um ein gerissenes Rohr zu bemerken.

Ein anderes Mal wollte ich vor dem Gottesdienst noch etwas für ein Gemeindemitglied aus der Betriebsküche holen, die ich sonst am Wochenende nie betrete. Als ich in den Betrieb ging, hörte ich sogleich ein verdächtiges Plätschern, und Dampfwolken kamen mir entgegen. Ein Warmwasseranschluss war geplatzt, und alles spritzte und zischte und dampfte auf den Fußboden. Nicht auszudenken, wie die Räumlichkeiten ausgesehen hätten, wenn das Wasser noch bis Montagmorgen fröhlich vor sich hin geplätschert hätte! 840 wundervolle, mit größter Sorgfalt hergestellte Apfel-Marzipan-Plätzchen lagen bereits mit Dampf zugenebelt im Plätzchenregal. Doch was war das für eine Freude für die Gemeindemitglieder!

Ein drittes Mal wurde nachts ein Praktikant von plätscherndem Wasser geweckt, das von einem defekten Heizkörper herrührte. Das Gästezimmer, in dem er schlief, wurde sonst kaum benutzt.

In meinem Gebetstagebuch habe ich eine Abteilung, die mit dem Wort „Wunder" überschrieben ist. Ich liebe Listen. Diese Liste wird immer länger, und ich erinnere mich beim Durchlesen gerne daran, mit welchen Wundern Gott mich schon gesegnet und was er alles für mich getan hat. Je älter ich werde, desto mehr Wunder nehme ich wahr. Es ist, als würden meine Sinne dafür geschärft.

Eine meiner vielen Lieblingsfiguren im Alten Testament ist Henoch, der mit Gott wandelte. Das will ich auch. Mir ist es wichtig, während des Alltags immer wieder zu fragen: Was soll ich jetzt tun, wohin soll ich jetzt gehen? Führe und leite mich, leite mich an meinem Schreibtisch, führe mich im Kundengespräch, hilf mir beim Kochen.

Aber zur Einübung dieser Haltung gehört eine Portion Vorbereitung. Es ist unverzichtbar, die Bibel zu lesen und sich mit Gottes Wort zu beschäftigen. Zurzeit betrachte ich das Vaterunser und mache mir Gedanken darüber, wer mein Vater eigentlich ist, und ich schreibe mir die entsprechenden Bibelstellen heraus.

Nach all diesen Erlebnissen habe ich Psalm 91,1–4 auswendig gelernt und singe ihn oft, während ich mit dem Auto fahre:

„Wer unter dem Schirm des Höchsten sitzt
Und unter dem Schatten des Allmächtigen bleibt,
Der spricht zu dem Herrn:
Meine Zuversicht und meine Burg,
Mein Gott, auf den ich hoffe.
Denn er errettet dich vom Strick des Jägers
Und von der verderblichen Pest.
Er wird dich mit seinen Fittichen decken
Und Zuflucht wirst du haben unter seinen Flügeln.“

Engel in der Dunkelheit

Karen Cogan

Mit vier Jahren bekam meine Tochter auf einmal furchtbare Angst vor der Dunkelheit. Eigentlich war das sehr ungewöhnlich, denn Jennifer war immer ein abenteuerlustiges Kind gewesen. Aber jetzt malte sie sich in ihrem kleinen Köpfchen plötzlich alle möglichen schrecklichen Dinge aus, die im Dunkeln lauern könnten – Monster, wilde Tiere und Räuber. Sosehr wir uns auch bemühten, sie zu beruhigen, nichts schien zu helfen.

Natürlich gaben mein Mann und ich uns alle Mühe, Jennifer zu beruhigen. Unzählige Male eilten wir auf ihr Schreien hin in ihr Zimmer und knipsten das Licht an. Während wir alle Ecken durchsuchten, schaute uns unsere Tochter mit weit aufgerissenen Augen zu. Sie konnte sehen, dass ihre Furcht völlig unbegründet war. Aber sobald wir das Licht wieder ausgemacht hatten, überfiel die Angst sie von Neuem. Auch Steckdosenlampen nutzten nichts. Langsam wurden wir des allabendlichen Kampfes müde, sie zum Einschlafen zu bewegen.

Eines Tages saßen Jennifer und ich nebeneinander auf der Couch, um eine Geschichte zu lesen, während ihre zweijährige Schwester Tiffany ihr Mittagsschläfchen hielt. Es war November, und in Gedanken beschäftigten wir uns bereits mit dem kommenden Weihnachtsfest.

Ich blätterte in ihrer Kinderbibel herum, bis ich zu der Geschichte von Jesu Geburt kam, und fing an, sie vorzulesen: „Und der Engel sprach zu ihnen: Fürchtet euch nicht! Siehe, ich verkündige euch große Freude, die allem Volk widerfahren wird …"

Jennifer hörte mucksmäuschenstill und mit verklärtem Gesicht zu. Als ich zu Ende gelesen hatte, fragte sie: „Was ist ein Engel?"

„Ein Gehilfe Gottes", antwortete ich. Dann zeigte ich auf ein Bild und fuhr fort: „So stellen sich manche Leute einen Engel vor."

„Passen Engel auch auf Menschen auf?"

„Bestimmt tun sie das. Sie helfen ja Gott, und Gott passt auch auf die Menschen auf."

„Lies die Geschichte noch mal", verlangte sie.

Ich las ihr die Geschichte zum zweiten Mal vor. Anstatt mich zu bestürmen, noch mehr zu lesen, wie sie es gewöhnlich tat, ging sie anschließend sofort in ihr Spielzimmer.

„Ich muss unbedingt etwas ganz Wichtiges machen", erklärte sie mir.

Einmal ging ich nur kurz hinein, um zu sehen, was sie tat. Sie war jedoch so damit beschäftigt, etwas mit ihrer Kinderschere auszuschneiden, dass sie mich gar nicht bemerkte. Eine geschlagene halbe Stunde blieb sie in ihrem Zimmer, während ich meine dringend notwendigen Hausarbeiten erledigte.

Von Angst befreit

Schließlich kam sie zu mir, in jeder Hand ein bunt angemaltes ausgeschnittenes Etwas. „Guck mal, was ich gemacht habe, Mami."

„Wie schön", sagte ich, „du hast zwei Papierpuppen ausgeschnitten."

„Das sind keine Puppen, das sind Engel", berichtigte sie mich. „Einer ist für mich, und der kleine hier ist für Tiffany."

Ich sah mir ihr Werk genauer an. Tatsächlich, es waren zwei kleine Figuren mit lächelnden Gesichtern und etwas verunglückten Flügeln. Der eine war größer als der andere.

„Die sind wirklich wunderschön", sagte ich.

„Ich möchte ein bisschen Klebeband haben, damit ich sie an unsere Schranktüren kleben kann. Dann weiß ich immer, dass Gott in der Nacht auf Tiffany und mich aufpasst. Kann ich bitte Klebeband haben?"

Ich gab ihr das Gewünschte, und sie rannte damit in ihr Schlafzimmer, das sie mit Tiffany teilte. Dort klebte sie einen Engel an ihren Schrank und den anderen an den ihrer Schwester.

Ich freute mich natürlich, dass die Geschichte einen solchen

Eindruck auf Jennifer gemacht hatte, fragte mich aber, ob sich nun wirklich grundlegend etwas ändern würde.

Am Abend, als wir die Zubettgeh-Zeremonie hinter uns hatten und das Abendgebet gesprochen war, verkündete Jennifer: „Heute Abend habe ich keine Angst. Gott passt mit seinen Engeln auf mich auf."

Ich lächelte und gab ihr einen Gutenachtkuss. Im Stillen fragte ich mich, wie lange es dauern würde, bis sie nach mir rief.

Ich wartete. In Jennifers Zimmer blieb alles still. Nach einer Weile schlich ich mich hinein und sah nach. Meine Tochter schlief friedlich. Zum ersten Mal seit drei Monaten war sie ohne Furcht eingeschlafen. Die nächste Nacht verlief ebenfalls ohne Zwischenfälle.

Was war passiert? Jennifer hatte dieselbe Geschichte schon vorher viele Male gehört. Aber gerade jetzt, als es am nötigsten war, war sie dadurch getröstet worden. Und die kleinen Papierengel an den Schranktüren erinnerten sie ganz konkret daran, dass Gott auf sie achtgab.

Wenn ich heute spüre, dass Furcht mich übermannen will, denke ich immer an die beiden Papierengel und an den liebenden Gott, der kleine Kinder tröstet. Und mir wird bewusst, dass wir alle so werden sollen wie die Kinder: voller Vertrauen auf unseren Vater im Himmel.

Dem Tod knapp entkommen

Gaby Wentland

Im Winter 1985 flogen wir als vierköpfige Familie von Südafrika nach Lagos im westafrikanischen Nigeria. Dort wollten wir eine Missionsbasis gründen. Ein Jahr später bekamen mein Mann und unser sechsjähriger Sohn über Nacht hohes Fieber. Mit Schüttelfrost und Kopfschmerzen wachten sie morgens auf, und das Fieber stieg so schnell, dass alle verabreichten Tabletten gegen Malaria nicht mehr halfen. Die Zeit drängte, und ich wusste nur noch, dass wir so schnell wie möglich Hilfe brauchten. Ich kannte erst wenige Personen in dieser Millionenstadt, vor allem keine Ärzte, die mir helfen konnten. Die Zeit lief mir davon.

Über zwei Stunden suchte ich in allen erreichbaren Krankenhäusern nach einem Arzt, um schließlich in der deutschen Siedlung eine deutsche Ärztin zu finden, die sofort reagierte. Zusammen mit einer Krankenschwester stieg sie in meinen Wagen, um mit mir die dreißig Kilometer lange Fahrt zu unserem Haus zu fahren. Als wir ankamen, lag unser Sohn bereits bewusstlos auf dem Bett. Das Fieberthermometer zeigte 42 °C an! Mein Mann hatte rasende Kopf- und Gliederschmerzen, und auch bei ihm stieg das Fieber unaufhörlich.

Ein Kampf um das Leben meines Sohnes begann: Mit Eisbeuteln aus der Gefriertruhe kühlten wir seinen kleinen zitternden Körper, und nach zwei Stunden war er endlich transportfähig, um ins Krankenhaus gebracht zu werden. Nach einer Infusion kam er wieder zu sich. Am folgenden Tag durfte ich ihn wohlbehalten wieder mit nach Hause nehmen.

Mein Mann bekam im Krankenhaus sofort eine Malariaspritze und schien ebenfalls gerettet zu sein. Doch plötzlich brach das Fieber wieder aus und die Ärzte kämpften um sein Leben. Acht Tage lang gaben sie ihm alle möglichen Infusionen und Medikamente, bis das Ärzteteam aufgab.

„Wir können Ihrem Mann nicht mehr helfen", teilten sie mir mit.

Die Anzahl seiner roten und weißen Blutkörperchen sank auf ein absolutes Minimum. Die einzige Rettung bestand darin, dass er möglichst noch in derselben Nacht nach Deutschland geflogen würde. Doch die Fluggesellschaft wollte ihn nicht mitnehmen. Die Mediziner vermuteten ein ansteckendes Fieber. Deshalb hätte der Pilot das gesamte Flugzeug unter Quarantäne stellen müssen. Also sagte uns die Fluggesellschaft ab, und die scheinbar letzte Lösung verpuffte im Nichts.

Zwischen Trauer und Hoffnung

„Gott ist der Herr über Leben und Tod", sagte ich zu dem Ärzteteam, das mich vor vollendete Tatsachen gestellt hatte. „Wir sind in seiner Hand."

Noch immer wundere ich mich über diese Sätze. Denn eigentlich hatte ich dafür keinen Glauben in diesen Momenten. Dennoch schimmerte ein Fünkchen Hoffnung in mir. Es trieb mich ins Gebet. Die ganze Nacht hindurch flehte ich zu Gott.

Die Gebete in diesen dunklen Stunden halfen mir, nicht zu verzweifeln. Und ich wusste: Überall in der Welt beteten Menschen für unsere Lage. In der Bibel las ich: „Rufe mich an in der Not, so will ich dich erretten, und du wirst mir danken!" (Psalm 50,15).

Gegen zehn Uhr fuhr ich wieder in Richtung Krankenhaus. Tausend Gedanken zwischen Trauer und Hoffnung wirbelten in meinem Kopf herum. Lebt mein Mann noch? Ich wusste es nicht. Was, wenn er tot ist?

Als ich das Krankenhaus betrat, liefen mir aufgeregte Krankenschwestern entgegen.

„Ein Wunder ist geschehen!", riefen sie. Die Schwestern strahlten mich an, umarmten mich und sagten mir, was ich so sehr gehofft hatte: „Ihr Mann lebt!"

Gott hatte unsere Gebete erhört! In dieser Nacht, wo weder Ärzte noch Medikamente helfen konnten, griff Gott übernatürlich ein. Das Fieber sank plötzlich und verließ meinen Mann sogar ganz. Am Morgen stieg er eigenständig aus dem Bett und gönnte sich eine erfrischende Dusche.

Ich konnte gar nicht schnell genug in sein Zimmer gelangen. Dann sah ich ihn: Er saß in einem Sessel, in dem er schon länger auf mich gewartet hatte, und lächelte mich an.

Als die vier Ärzte kurze Zeit darauf ihre Visite machten, deutete der Chefarzt mit dem Finger zum Himmel und sagte: „Hier hat der Chefarzt eingegriffen!“

Mein Mann durfte am selben Tag, von den Strapazen immer noch geschwächt, aber geheilt, das Krankenhaus verlassen. Er erholte sich sehr schnell und konnte bald wieder seinen Dienst aufnehmen.

Wer war diese alte Dame?

Mila Devic

Rasch näherte der Herbst sich seinem Ende, und die letzten Blätter fielen auf die Erde. Es war ein düsterer Tag. Ich saß am Fenster und beobachtete, wie die Blätter in schaukelnden Bewegungen hinabsegelten. Dieses Schauspiel erinnerte mich daran, wie ich mein erstgeborenes Kind in den Armen wiegte.

Damals war ich erst vierundzwanzig Jahre alt und noch nicht sehr lange verheiratet. Eines Tages bekam ich bei der Arbeit starke Schmerzen. Ich suchte einen Arzt auf, der mir mitteilte: „Wir müssen eine Röntgenaufnahme machen, um die Ursache zu finden."

Einige Wochen später stellte ich dann überglücklich fest, dass ich schwanger war. Ich war so aufgeregt! In mir wuchs ein kleines Baby heran. Und so konnte ich es kaum abwarten, zum Arzt zu gehen und mir die Schwangerschaft bestätigen zu lassen.

Doch die Reaktion des Arztes war niederschmetternd. Er meinte: „Ja, Sie sind schwanger, aber die Röntgenstrahlen haben dem Baby geschadet. Es wird krank und entstellt zur Welt kommen und keine Aussicht auf ein normales Leben haben. Sie müssen sofort eine Abtreibung vornehmen lassen."

Zuerst konnte ich seine Worte gar nicht erfassen; dann stiegen Wogen der Trauer in meinem Innersten auf. Ich begann zu weinen. Wie konnte ich mein erstes Kind einfach töten? Wie sollte ich so etwas tun und dann Gott in die Augen blicken?

Alles Weitere, was dann geschah, schien sich meiner Kontrolle zu entziehen. Mehrere Ärzte umringten mich und setzten mich stark unter Druck, einer Abtreibung zuzustimmen. Sie gaben mir alle notwendigen Formulare und schoben mich in das Wartezimmer neben der Abtreibungseinheit. Ich war geschockt und völlig verwirrt. Neben mir warteten noch andere Frauen auf eine Abtreibung, aber keine von ihnen ließ auch nur die geringste Betroffenheit erkennen. Keine außer mir weinte. Ich fühlte mich so allein!

Doch plötzlich war ich nicht mehr allein. Eine alte Dame neben mir fragte mich sanft, warum ich weinte. Ich hatte sie nie zuvor gesehen, doch ich spürte, dass ich ihr vertrauen konnte, also erzählte ich ihr, dass mein Baby nicht normal war und die Ärzte mich aufgefordert hatten, es abtreiben zu lassen.

„Ich kann es nicht ertragen, mein Baby zu töten", schluchzte ich.

Die alte Dame sah mich an und sagte: „Nehmen Sie Ihre Sachen und gehen Sie nach Hause. Wenn Ihr Baby nach der

Geburt nicht normal sein sollte, dann bringen Sie es zu mir, und ich werde mich um das Kind kümmern."

Sicher in Gottes Armen

Diese Frau war wie ein heller Lichtstrahl, der in meine dunkle Welt einbrach. Ich verließ das Krankenhaus mit Freudentränen, und statt Sorge war mein Herz voller Hoffnung.

Wer mag diese alte Dame gewesen sein?, überlegte ich.

Ältere Frauen kamen normalerweise nicht in Entbindungsstationen oder Abtreibungskliniken. Es war mir nicht einmal in den Sinn gekommen, sie nach ihrem Namen und ihrer Adresse zu fragen. Sie musste ein Engel Gottes gewesen sein, der gekommen war, um mir an meinem dunkelsten Tag zu helfen.

Sieben Monate später brachte ich ein wunderschönes kleines Mädchen zur Welt. Ich wiegte es in meinen Armen und gab ihm den Namen Marija. Als mein Mann mich besuchte, brachte die Krankenschwester uns das Baby ins Zimmer. Dabei bemerkte sie ein wenig Blut in Marijas Mund. Sofort lief sie los, um den Arzt zu holen. Doch er konnte nichts mehr tun, die kleine Marija starb wenige Minuten später. Die Röntgenstrahlen hatten ihr Herz und ihre Lungen zerstört.

Obwohl wir sehr traurig waren, unsere wunderschöne Tochter zu verlieren, war ich überaus dankbar, dass Gott Marija zu sich geholt und ich sie nicht getötet hatte. So wie die Blätter auf den Bäumen eines natürlichen Todes sterben, war Marija zu gegebener Zeit eines natürlichen Todes gestorben. Hätte ich eine Abtreibung durchführen lassen, wäre ihr Tod unnatürlich und unrecht gewesen.

Nach und nach segnete Gott uns mit vier weiteren Kindern, und ich war ihm sehr dankbar dafür.

Als Kroatien in den Bürgerkrieg geriet, folgten schwere Zeiten. Unser Haus und unser ganzes Dorf wurden zerstört. Wir mussten alle vertrauten Menschen verlassen und wurden zu Flüchtlingen. Fünf Jahre lang zogen wir umher, lebten in vier verschiedenen Städten, immer auf der Suche nach einer Unterkunft und genug zu essen.

Vergebung und Frieden

In dieser Zeit verloren wir vieles, aber wir gewannen auch sehr viel. Wir durften erkennen, dass Gott uns so sehr liebt, dass er Jesus auf die Erde gesandt hat. Durch ihn wollte er uns zeigen, wie wir eine Beziehung zum Vater im Himmel finden können! Als wir das verstanden hatten, gaben wir Gott unser Leben. Trotz der unsicheren Lebensumstände erfuhren wir, wie reich Gott uns beschenkt – mit Vergebung, Frieden, Freude, Liebe und Fürsorge.

In dieser Zeit, in der wir gar nichts besaßen, sehnte ich mich danach, eines Tages ein großes Haus mit einem Garten voller Blumen zu haben. In diesem Haus könnten wir alle zusammenleben und glücklich sein! Eines Nachts träumte ich von einem schönen großen Haus auf einem Hügel. Es hatte einen großen Garten, in dem sogar ein Springbrunnen sprudelte.

Plötzlich trat Marija aus dem Haus – nicht als Baby, sondern als hübsches Mädchen, das uns mit ausgebreiteten Armen entgegenkam. Einer nach dem anderen gingen wir zu ihr.

Marija sagte: „Wo seid ihr alle gewesen? Ich warte schon lange auf euch!"

Sogleich wusste ich, dass ich vom Himmel geträumt und dass Gott sich um Marija gekümmert hatte, wie er es durch seinen Boten, die alte Dame, versprochen hatte. Sie hatte mich an meinem dunkelsten Tag besucht und Licht und Hoffnung in mein Leben gebracht – wie der Engel in der Heiligen Nacht.

Heute denke ich an die allererste Weihnacht und erkenne viele Parallelen zu meiner eigenen Geschichte. Auch damals, unter dem Machthaber Herodes, herrschten düstere Zeiten. Wie der Arzt drängte auch er in seiner Autorität darauf, das Baby zu töten. Aber Gott griff ein, indem er die Heilige Familie zur Flucht mahnte – genau wie die alte Dame mich gemahnt hatte –, und er versprach, das Kind zu behüten.

Ja, das ist der Gott, den ich liebe und dem ich diene: Jesus, mein Herr.

Gespräch zwischen zwei Engeln

Marion Ruchelka

„Er hat es getan, er hat es getan! Es ist so weit – endlich!! Er hat es getan, er ist ein Held … Hört ihr? Dies ist ein historischer Tag! Jetzt ist es passiert! Der Anfang ist gemacht. Wie lange haben wir darauf gewartet und nun ist es endlich geschehen! Ich war bei Gottvater und er hat mir alles erzählt. Neun Monate wird es dauern, so hat er gesagt – dann werden die Menschen ihn sehen … endlich! Gott sei Dank!"

Tanzend und jubelnd springt der kleine Engel durch die Straßen der Stadt, in der es niemals dunkel wird. Er rennt, hüpft und wirbelt vor lauter Begeisterung im Kreis herum, reißt die Arme hoch und schreit immer wieder, bis er fast heiser wird: „Hurra – er hat es getan. Es ist so weit!"

Und just in dem Moment rennt der kleine Engel – völlig außer sich vor Freude – versehentlich gegen einen still gewordenen großen Engel – der, den alle „den Weisen“ nennen.

Auch das Gesicht des großen Engels strahlt – wenn auch auf eine stillere Weise.

Dann nickt er und sagt leise: „Ja! Es ist so weit! Darauf haben wir alle gewartet!“

Der Weise nimmt den kleinen Engel liebevoll hoch auf seinen Arm und schaut ihn gütig an, während eine Träne seine Wangen hinunterkullert.

„Aber … was ist denn? Freust du dich denn nicht? Seit Tausenden von Jahren wartet der ganze Himmel auf diesen einen Tag, und du … weinst?“

Der weise Engel blickt verständnisvoll in das Gesicht des kleinen Engels, dessen Begeisterung einem Ausdruck des Erschreckens gewichen ist.

„Erschrick nicht, kleiner Engel. Es ist gut. Du sollst dich freuen. So ist es recht. Genau so ist es gemeint. Auch ich freue mich, auch mein Herz ist bewegt. Ich war nur traurig für einen kurzen Augenblick. Ich dachte an Gottes Sohn. Ich überlegte gerade, wie er sich wohl fühlen mag – so weit weg von Gottvater, so weit weg von uns, so weit weg vom Licht. So klein und hilflos in einem menschlichen Körper als heranwachsendes Baby – ausgeliefert.

Und dann dachte ich an all das, was noch geschehen muss. Dies hier ist erst der Anfang. Er ist noch nicht durch! Das Ende wird schwer. Das hat Gottvater ihm und uns immer wieder gesagt.

Und dann dachte ich an Gottvater, der sein einziges Kind hergegeben hat in eine grausame, dunkle Welt – weil er die Menschen liebt und weil er ihr Vater sein möchte für immer. Ein schwerer Weg liegt vor Gottvater und vor dem Sohn.

Aber auch ich weiß: Es ist gut so! Es ist der einzige Weg. Gott tut es aus Liebe … Er macht den Weg frei für die Menschen, damit sie die Himmelsstraße finden und wir eines Tages alle zusammen sein und Gott feiern können.

Gott liebt die Menschen so sehr. Deshalb möchte er, dass wir Engel ihnen helfen und auf sie aufpassen. Bestimmt braucht auch Gottes Sohn bald unsere Hilfe – denn jetzt ist er ein Mensch. Auch seine Mutter wird Beistand brauchen – sie hat es nicht leicht und sie ist noch so jung, und die Menschen werden denken, sie lügt. Und dann ist da noch sein irdischer Vater. Wenn ich an seiner Stelle wäre, würde ich denken, ich sei betrogen worden … Sie werden unsere Hilfe sehr nötig haben!

Komm – lass uns zusammen zu Gottvater laufen und hören, welchen Auftrag er für uns hat!"

Eine Geschichte von damals, etwa neun Monate vor Weihnachten …

Zum Nachdenken:

Was wäre, wenn …?

- Was wäre, wenn Jesus nie geboren wäre?
- Was wäre, wenn er sich entschieden hätte, im Himmel zu bleiben?

- Was wäre, wenn er den Menschen nie den Weg zum Vater gezeigt hätte?
- Was wäre, wenn Jesus die Menschen nie im Wort Gottes unterrichtet, nie geheilt, nie Vergebung zugesprochen, nie von dunklen Mächten befreit hätte?
- Was wäre, wenn er den Versuchungen der Welt erlegen wäre?
- Was wäre, wenn Jesus Karfreitag nicht ertragen hätte?
- Was wäre, wenn er nicht auferstanden wäre?
- Was wäre, wenn ich der Gnade der Vergebung nie begegnet wäre?

Wie gut: Er hat es getan!

Der Dienst der Engel

Billy Graham

Viele Christen sind überzeugt, dass jedes Kind Gottes seinen eigenen Schutzengel hat. Dieser Schutz beginnt möglicherweise schon in allerfrühester Kindheit, denn Jesus sagt: „Seht zu, dass ihr nicht einen von diesen Kleinen verachtet. Denn ich sage euch: Ihre Engel im Himmel sehen allezeit das Angesicht meines Vaters im Himmel“ (Matthäus 18,10).

Das wesentliche Merkmal der Engel besteht nicht darin, dass sie große Macht haben und unser Leben kontrollieren können, auch nicht in ihrer Schönheit, sondern darin, dass sie für uns da sind und uns dienen. Sie werden von einer unerschöpflichen Liebe zu Gott motiviert und sind mit großem Eifer darauf bedacht, dass der Wille Gottes in unserem Leben zum Ziel kommt.

David sagt von den Engeln: „Denn er hat seinen Engeln befohlen, dass sie dich behüten auf allen deinen Wegen, dass sie dich auf den Händen tragen und du deinen Fuß nicht an einen

Stein stößest" (Psalm 91,11–12). Alle, die an Jesus Christus glauben, können neuen Mut gewinnen. Engel wachen über uns, sie ebnen unseren Weg. Sie überwachen die Ereignisse unseres Lebens und setzen alles daran, die Interessen Gottes zu wahren, seinen Plan auszuführen und seinen Willen für unser Leben zu verwirklichen.

Die meisten Christen können sich daran erinnern, dass sie irgendwann in ihrem Leben in einer Krisensituation auf wunderbare Weise bewahrt wurden. Beinahe hätte es einen schweren Autounfall gegeben, fast wäre ihr Kind auf die befahrene Straße gerannt, eine Versuchung hätte sie um Haaresbreite zu Fall gebracht. Wenn sie vielleicht auch keinen Engel gesehen haben, würde seine Gegenwart doch erklären, warum das Unheil abgewendet wurde. Wir sollten immer für die Güte Gottes dankbar sein, der diese wunderbaren Boten – die Engel – gebraucht, um uns zu beschützen.

Lebenslauf eines Engels

Herold Engel
Lob-und-Preis-Str. 7
Himmel

Zielsetzung

- auf der Suche nach mehr Gelegenheiten, Gott zu preisen und ihm zu dienen (Psalm 103,20–21)

Beruflicher Werdegang

- bei der Schöpfung gesungen (Hiob 38,7)
- dabei geholfen, Jakob eine Botschaft zu überbringen (1. Mose 28,12)
- dabei geholfen, Christus nach den Versuchungen zu dienen (Matthäus 4,11)

Momentane Anstellung

- Helfer für Christen auf der ganzen Welt (Hebräer 1,14)

Ausbildung

- sehr gut ausgebildet (2. Samuel 14,17.20)
- jedoch nicht allwissend (1. Petrus 1,12; Matthäus 24,36)

Auszeichnungen

- zahlreiche;
  alle dem Geber zurückgegeben (Offenbarung 4,9–11)

Familienstand

- ledig (Matthäus 22,30)

Verfügbarkeit

- sofort, wird aber kurzfristig unbezahlten
  Urlaub an einem unbekannten,
  zukünftigen Datum nehmen (Matthäus 13,39; 16,27)

Referenzen

- zu überprüfen in Ihrer Bibelkonkordanz

Kapitel 3:

Königliche Geschenke

Weihrauch, Myrrhe und Gold brachten
die drei Weisen zur ersten Weihnachtsparty.
Die Hirten konnten nur ihr Herz verschenken.
Gott dagegen gab uns das Wertvollste:
seinen einzigen Sohn.

Was steht auf Ihrer Geschenkeliste
in diesem Jahr? Der neueste iPod, eine Krawatte oder ein
Diamantring? Entdecken Sie ungewöhnliche Geschenke mit
bleibendem Wert und vor allem:
die Freude am Schenken und Beschenktwerden!

„Denn Gott hat die Menschen so sehr geliebt, dass er seinen einzigen Sohn für sie hergab. Jeder, der an ihn glaubt, wird nicht zugrunde gehen, sondern das ewige Leben haben."
Johannes 3,16

Wertvolle Geschenke für meine Kinder

Eva Breunig

Es ist wieder so weit: Die vorweihnachtliche Kauforgie steht an! Ein dichter Menschenstrom wälzt sich durch die Geschäftsstraßen; aufblasbare Weihnachtsmänner und der Klang von „Jingle Bells“ sind allgegenwärtig; genervte Väter prügeln sich um Nintendo-Zubehör; schwer bepackte Mütter sind dem Nervenzusammenbruch nah. Wenn ich an die Wunschlisten meiner Kinder denke, die sie schon vorsorglich an die Küchentür geklebt haben, dann trennen mich noch ungefähr 800 Euro und ein 12-stündiger Shopping-Marathon von deren Erfüllung.

Ist das wirklich der Sinn von Weihnachten?

Gibt es eigentlich Geschenke – abseits von Barbie-Häusern und Computerspielen –, die bleibenden Wert besitzen?

Bei dieser Frage denke ich erst mal an meine eigene Kindheit zurück. An welche Geschenke kann ich mich heute noch erinnern? Was hat mir damals Freude gemacht? Und ich merke schnell: Der materielle Wert eines Geschenkes ist eigentlich gar nicht so wichtig.

Beflügelte Fantasie und Erinnerung

Am besten erinnere ich mich an die Bücher. Anfangs bekam ich sie vorgelesen, aber schon sehr bald konnte ich sie selbst lesen. Dadurch lernte ich fremde Länder und bemerkenswerte Menschen kennen. Ich strandete mit Robinson auf seiner Insel und fuhr mit Huckleberry Finn den Mississippi entlang. Ich flog auf Wildgänsen, lebte mit Indianern, erforschte Höhlen und klärte Kriminalrätsel auf. Ich wurde Pippi Langstrumpf, Merlin, das doppelte Lottchen oder Achilles. Meine Fantasie bekam Flügel, während ich irgendwo unterm Tisch hockte und die Welt um mich herum vergaß.

Andere Geschenke, die ich vielleicht als Kind noch gar nicht so zu schätzen wusste, bekamen im Laufe der Zeit immer mehr Bedeutung für mich: Das sind Dinge, die mit bestimmten Erinnerungen verbunden sind. Einmal bekam ich ein Bettelarmband, an das nach und nach kleine Anhänger gefügt werden konnten. Da gibt es: meinen ersten Milchzahn, in Gold gefasst, ein winziges goldenes Schaukelpferd, eine Sonne – ich weiß nicht mehr, was sie genau bedeutet, aber ich weiß noch, wer sie mir schenkte, und so ist sie mit Erinnerungen an einen lieben Menschen verbunden.

Ein anderes Geschenk, das mir immer mehr bedeutet (und das viel billiger war als ein goldenes Armband), ist ein

Kochbuch, das meine Großmutter für mich schrieb, als ich ein Teenager war. Sie kaufte einfach ein schwarzes gebundenes Heft mit alphabetischem Register und schrieb all unsere Lieblingsrezepte hinein, von Apfelkuchen bis Zimtstern. An manchen Stellen habe ich Mühe, ihre Schrift zu entziffern, und die Ausdrucksweise ist altmodisch: „Man macht von zwei Löffeln Mehl ein Kindskoch", „Man erweicht 3 Zeltl Chocolade" – was, bitte, ist ein Zeltl? Aber gerade das macht dieses Buch so einzigartig!

Als besonderes Plus steht auch noch bei jedem Rezept dabei, von wem es stammt. Der „Neumann-Nusskuchen" beispielsweise erinnert mich an einen uralten Nachbarn, der dieses köstliche Kuchenrezept an uns weitergab. Und dann fällt mir auch ein, wie wir in seinem Garten Nüsse pflückten und mein Bruder dabei vom Baum fiel. Eines Tages, wenn ich Enkelkinder habe, werde ich hoffentlich auch daran denken, ihnen unsere liebsten Rezepte aufzuschreiben!

Tradition

Fast noch wichtiger als die Geschenke war aber – rückblickend betrachtet – das ganze Drumherum. All die Traditionen, die sich um das Fest ranken und die niemals gebrochen werden dürfen. Jede Familie hat da ihre Eigenheiten. Bei manchen gibt es bestimmte Speisen, die nur zu Weihnachten gegessen werden, oder bestimmte Lieder, die man singen muss, oder eine besondere Art, den Christbaum zu schmücken. Mein Vater erzählte mir beispielsweise, dass meine Urgroßmutter jedes Jahr die erste Christbaumkugel an den Baum hängen durfte. Sie tat dies mit großer Geste und unter vielen Tränen, weil es ja „sicher das letzte Mal“ war, dass sie Weihnachten miterleben konnte – und das ungefähr 20 Jahre lang.

Mein Mann und ich schmücken den Baum immer gemeinsam, weil das in der Frühzeit unserer Beziehung so ziemlich das Erste war, was wir je gemeinsam unternahmen. Dabei ist es sehr wichtig, dass die bunte Kette, die ich vor vierzig Jahren im Kindergarten gebastelt habe, gut sichtbar aufgehängt wird! Aber natürlich auch die, die unser Sohn vor zwanzig und die Töchter vor zehn Jahren gebastelt haben …

Und unsere Christbaumfiguren! Die haben eine ganz besondere Bedeutung. Meine künstlerisch begabte Großmutter hat über Jahre hinweg bunt bemalte Laubsägefiguren hergestellt. Da gibt es den Nussknacker, den Trommler, Rotkäppchen und einen Dackel. Das Baby auf dem Kissen wurde anlässlich meiner Geburt angefertigt, und die Schiefertafel symbolisiert meinen Schuleintritt. Der Teddybär markiert die Geburt meines Bruders, während das Knusperhäuschen schon in der Kindheit meines Vaters entstand. Jedes Mal, wenn ich die Sperrholzfiguren in die Hand nehme, fallen mir all diese Familiengeschichten wieder ein.

Um diese Tradition fortzusetzen, bastelte ich als Jugendliche dann selbst solche Figuren. Zeichnen konnte ich, und beim Sägen half mir die Oma. Da entstand die alte Nachbarin mit ihrem Buckelkorb – sie ist schon lange tot, aber in meinem Christbaum lebt sie weiter. Und der kleine Junge mit den

Skiern – er starb als junger Mann bei einem Autounfall. Auch er ist unvergessen, und ich werde ihn hoffentlich im Himmel wiedersehen, genau wie die Nachbarin mit dem Korb, Herrn Neumann mit der Nusstorte und natürlich meine Großmutter …

Das Geheimnis

Aber das Allerwichtigste am Weihnachten meiner Kindertage war das Geheimnisvolle. Der Advent war durchdrungen von Wundern. Die reale Welt und die wundersame Welt der Engel berührten sich. Das begann schon am Nikolaustag, wenn es im Stiegenhaus rumorte und polterte – wie nah lag da Angst neben Entzücken! Und wenn dann gar der riesenhafte, Respekt einflößende Heilige leibhaftig in die Stube trat und aus seinem goldenen Buch alles vorlas, was ich Schlimmes oder Braves getan hatte, oder wenn sich über Nacht die Schuhe plötzlich mit Leckereien füllten, dann war ganz klar, dass es Wunder gab!

Brav musste man natürlich sein – die Engel flogen tief in dieser Zeit, denn sie mussten ja dem Christkind helfen. Legte man abends einen Brief aufs Fensterbrett, dann war er morgens verschwunden. Aber manchmal, wenn man Glück hatte, fand man dafür ein Engelshaar …

Und überall raschelte und knisterte es, es duftete verheißungsvoll, und kurz vor dem Heiligen Abend wurde doch tatsächlich das Wohnzimmer abgesperrt! Wer es wagte, konnte durchs Schlüsselloch spähen und vielleicht einen Blick auf etwas Glänzendes, etwas Schimmerndes, etwas Vorbeihuschendes erhaschen …

Solange ich klein war, glaubte ich buchstäblich, dass das Christkind und seine Engel die Geschenke brachten. Später verstand ich, dass Christus als Kind in die Welt gekommen ist, um den Menschen das Geschenk der Erlösung zu bringen – und aus Freude darüber beschenken sich die Menschen nun gegenseitig. Für die Großen ist es also Ehrensache, dabei zu helfen! Das tut dem Geheimnisvollen keinen Abbruch.

Wenn es dann am Weihnachtsabend dunkel wird … und es im versperrten Wohnzimmer raschelt … und dann plötzlich der silberne Klang des Glöckchens ertönt … die Doppeltüre sich öffnet und der Christbaum im Glanz der Kerzen erstrahlt und wir „Stille Nacht" singen und uns umarmen, dann ist das Wunder immer noch greifbar. All die Verheißungen des Advents, die uns hoffen ließen, dass etwas ganz Großartiges geschehen würde, sind in diesem Augenblick erfüllt. Denn was könnte es Großartigeres geben, als dass Gott sich zu uns herabgebeugt hat und Mensch geworden ist?

Und was schenke ich jetzt?

Wenn ich nun so darüber nachdenke, sollte ich mir die 800 Euro und den Shopping-Marathon vielleicht sparen … Wer erinnert sich denn später an irgendwelches Spielzeug, das eh schnell kaputtgeht? Ich sollte mir lieber die Zeit nehmen, um den Kindern ein Kochbuch, ein Fotoalbum oder einen Christbaumanhänger zu basteln. Ich möchte mit ihnen lesen und Weihnachtslieder singen und ihnen zeigen, wie man Laubsägearbeiten macht. Ich möchte ihnen Traditionen vermitteln und geheimnisvolle Andeutungen machen und eine Aura von Verheißung verbreiten, um sie empfänglich zu machen für das größte Geschenk, das überhaupt jemals jemand bekommen hat – die unverdiente Gnade Gottes!

Na ja … den MP3-Player und die Ohrringe kann ich ja vielleicht außerdem noch kaufen …

Nikolaus und die drei Goldklumpen

Andrea Schneider

Haben Sie am 6. Dezember in Ihrem Schuh nicht nur Süßigkeiten gefunden, sondern auch Mandarinen oder eine Apfelsine? Dann hatten Sie es mit einem Nikolaus zu tun, der auf Tradition achtet. Äpfel, Apfelsinen oder Mandarinen erinnern an goldene Kugeln, die traditionell zur Ausstattung der Nikolausfigur gehören.

Nikolaus war in der ersten Hälfte des 4. Jahrhunderts Bischof von Myra in der heutigen Türkei und ist eine der populärsten Heiligenfiguren. In allen christlichen Ländern gibt es eine Fülle von Nikolausbräuchen, und zahlreiche Legenden ranken sich um sein Leben. Häufig wird der heilige Nikolaus in der christlichen Kunst mit goldenen Kugeln oder Äpfeln dargestellt. Eine Nikolauslegende erzählt, warum:

Ein bitterarmer Mann in Myra beabsichtigte, seine drei

Töchter zu Prostituierten zu machen. Denn mangels Mitgift konnte er sie nicht ordentlich verheiraten. Nikolaus, der gerade eine ansehnliche Erbschaft gemacht hatte, erfuhr von der Notlage des Vaters. In drei aufeinanderfolgenden Nächten warf er jeweils einen großen Goldklumpen durch das Fenster der drei Jungfrauen. Und die blieben so davor bewahrt, als Straßenmädchen ihren Lebensunterhalt verdienen zu müssen.

Nikolaus, der Bischof von Myra – bis heute populär sozusagen als „Streetworker", als Mensch, der sich um die kleinen Leute kümmerte. Sicherlich hatte er den bischöflichen Kopf voll mit weitreichenden Problemen und wichtigen Terminen. Aber davon ließ er sich nicht den Blick verstellen für die Not um ihn herum.

So gesehen ist der Nikolaustag nicht nur ein netter Brauch und ein schokosüßer Angriff auf unsere schlanke Linie. Vielleicht ist er auch eine Anfrage an unser abgestumpftes Gewissen.

In diesen Tagen flattern uns ja jede Menge Spendenaufrufe ins Haus. Zugegeben – manchmal nervt's. Aber auch Sie kennen sicher die eine oder andere Organisation, der Sie vertrauen. Gönnen Sie es sich doch, Gutes zu tun! Manch ein Goldklumpen macht uns nicht wirklich ärmer, aber andern hilft er zum Leben …

Weihnachten ohne Geschenke

Silke Stattaus

In jedem Jahr zur gleichen Zeit beschäftigt uns dieselbe Frage: Was schenken wir uns bloß zu Weihnachten? Unsere Familie wird von Jahr zu Jahr größer – mit erwachsenen Söhnen, Schwiegertöchtern und Enkeln. Einige wohnen inzwischen weit entfernt an verschiedenen Orten. Doch zum Heiligen Abend sind sie gerne zu Hause und sagen schon im Herbst ihren Besuch zu.

Als die Kinder noch klein waren, fiel es uns leicht, ihnen eine Freude zu bereiten. Pünktlich zum Nikolaus lag ein Wunschzettel in ihren Schuhen, und ich konnte die Geschenke in Ruhe besorgen. Wenn ich heute die Frage stelle: „Was wünscht ihr euch?“, kommt meist ein augenzwinkerndes: „Irgendetwas Schönes!“ Somit fällt es mir immer wieder schwer, für jeden etwas Passendes zu finden.

Im vergangenen Jahr war das auch so. Kurz vorm zweiten Advent wird mir bewusst, dass uns noch genau zweieinhalb Wochen bleiben, um alle Geschenke zu besorgen. Mein Mann und ich fahren in die nächstgrößere Stadt. Da ist die Auswahl besser. Zuerst gehen wir in einen Buchladen. Doch die Fülle der Angebote erschlägt mich.

Was könnte den Kindern gefallen? Ein Bilderbuch für unser Enkelkind? Nein, es ist ja noch so klein. Was soll es mit einem Bilderbuch? Ein Autoatlas für unseren Sohn, der gerade den Führerschein bestanden hat? Nein, das ist auch nicht das Richtige, er hat ja noch nicht einmal ein Auto.

Im nächsten Laden, einem Bekleidungsgeschäft, kapituliere ich noch schneller. Die unterschiedlichen Farben und Formen und Aufdrucke und Preise irritieren mich. Was könnte wem gefallen? Oder vielleicht doch lieber ein Gutschein? Ich weiß es nicht.

Unentschlossen fahren wir wieder nach Hause. Und unzufrieden. Es muss doch noch etwas anderes geben, womit wir uns untereinander eine Freude bereiten können.

Unseren Kindern geht es nicht anders. Ihr Budget ist begrenzt, trotzdem wollen sie uns gerne etwas schenken. Legen sie zusammen und schenken uns etwas gemeinsam? Oder sucht doch lieber jeder für sich etwas aus? Für die einen ist die Sache mit dem Schenken kein Problem, für die anderen kommt Weihnachten immer viel zu plötzlich …

Weihnachten mal anders

Als mein Mann und ich nach unserem Einkaufsversuch völlig geschafft am Küchentisch sitzen, kommt uns eine geniale Idee. Wie wäre es, wenn wir uns in diesem Jahr einfach nichts schenken? Wir könnten an einem Weihnachtstag gemeinsam essen gehen. Jeder gibt dazu, was er kann – und wir Eltern ein bisschen mehr. Wir wissen, dass unsere Kinder gerne in ein Restaurant gehen. Und ich freue mich auch, wenn ich an einem der Weihnachtstage nicht kochen muss.

Als wir unseren Kindern von dieser Idee erzählen, sind sie erst mal nicht begeistert.

Die einen sagen: „Schade. Wir bekommen doch so gerne Geschenke!"

Die anderen stimmen zu: „Okay, versuchen wir's!" Also bestellen wir einen Tisch in unserem Lieblingsrestaurant um die Ecke.

Aber was machen wir dann am Heiligen Abend – so ganz ohne Geschenke?

Uns kommt die Idee, unseren Bekannten Micha wieder einzuladen. Er hat schon manchen Heiligen Abend bei uns verbracht. Micha hat keine Familie und würde nach der Christvesper sicher allein zu Hause sein. Ihm wird die Idee, nichts zu schenken, auch gefallen, denn er hat wenig Geld. Einmal war es ihm peinlich, als er unser Geschenk nicht erwidern konnte. Aber an diesem Heiligabend ist es anders: Weil es keine Geschenke gibt, gibt es auch keine Peinlichkeiten.

Nach der Christvesper essen wir zu Abend. Es gibt Raclette.

Wir haben viel Zeit, um miteinander zu erzählen. Dann lesen wir die Weihnachtsgeschichte vor. Uns wird neu bewusst, dass Gott uns das größte Weihnachtsgeschenk gemacht hat: Jesus Christus, den Retter der Welt.

Normalerweise gehört zum Heiligabend auch das Singen dazu. Aber damit sieht es bei uns bescheiden aus: Je älter unsere Söhne werden, umso sparsamer beteiligen sie sich am Weihnachtsliedersingen, und unser Enkel ist noch zu klein. Also lassen wir es fröhlich ausfallen. Aber zum gemeinsamen Spielen lassen sie sich überreden. Die Zeit vergeht wie im Flug, und wir haben viel Spaß.

Kurz vor Mitternacht gehen wir in die „Musikalische Christvesper“ und setzen dem Heiligabend einen festlichen Abschluss. Entspannt und ohne enttäuschte Hoffnungen endet dieser besondere Tag.

Am ersten Weihnachtstag lassen wir es uns im Restaurant so richtig gut gehen. Wir genießen ein ausgiebiges Mittagessen. Jeder bestellt, was er am liebsten isst – und schaut einmal nicht zuerst auf den Preis. Wir erzählen und lachen und lassen es uns schmecken.

Als der Wirt die Rechnung bringt, geht sein Blick von einem zum anderen.

Dann strahlt er mich an und sagt mit seinem sympathischen Akzent: „Bist du froh, hast du alle Kinder hier!“

Da strahlen wir zurück, und uns wird klar, wie reich wir auch ohne Geschenke beschenkt sind – und das nicht nur zu Weihnachten.

Drei königliche Geschenke

Trina Schaetz

Sind Sie gestresst von der ganzen „Geschenkejagd“? Versuchen Sie es doch einmal mit diesem einfachen Vorschlag, Geschenke weiterzugeben, die einen tieferen Sinn haben!

Vielleicht gehen auch Sie, wie die meisten christlichen Eltern, mit dem Vorsatz in die weihnachtliche Zeit, dass Ihre Familienfeier sich um die wahre Bedeutung von Weihnachten drehen soll. Sie bauen die Krippe auf, backen einen „Geburtstagskuchen“ für Jesus oder führen ein Krippenspiel auf, damit Ihre Kinder daran erinnert werden, worum es an Weihnachten geht. Vielleicht klammern Sie bewusst den Weihnachtsmann aus, um Ihre Kinder nicht zu verwirren. Schließlich sollen sie auf keinen Fall Jesu Geburt aus den Augen verlieren.

Doch ob Weihnachtsmann oder nicht, die meisten Familien stellen fest, dass vor allem die Geschenke letztlich unsere Aufmerksamkeit vom Eigentlichen ablenken. Selbst wenn Mama und Papa versuchen, über den Berg von Geschenken die Oberhand zu behalten, bekommen die Kinder jede Menge von Oma und Opa, Freunden und vielleicht sogar den Nachbarn geschenkt. Unsere Vision von einem sinnerfüllten Weihnachtsfest wird unter Stapeln von Geschenkpapier begraben.

Mein Mann und ich haben uns eine etwas andere Art des Schenkens ausgedacht, die sehr gut zu funktionieren scheint. Vielleicht haben Sie ja schon versucht, sich auf drei Geschenke pro Kind zu beschränken, in Anlehnung an die drei Gaben, die Jesus von den Weisen aus dem Morgenland bekam. Doch unsere Idee geht noch einen Schritt weiter – die drei Geschenke symbolisieren die Gaben, die Jesus von den Weisen erhielt: „Als sie in das Haus kamen, sahen sie das Kind mit Maria, seiner Mutter, und sie fielen nieder und huldigten ihm; und sie taten ihre Schätze auf und opferten ihm Gaben: Gold und Weihrauch und Myrrhe“ (Matthäus 2,11).

An Heiligabend nehmen wir uns im Familienkreis Zeit, darüber nachzudenken, warum wir Weihnachten feiern. Dabei bekommt jedes Kind drei Geschenke. Eins steht für Gold, eins für Weihrauch und eins für Myrrhe. Während sie ausgepackt werden, sprechen wir über die besondere Bedeutung der Gaben, die Jesus damals erhielt, und wie sie ihn als König, Gott und Retter symbolisieren.

Goldgeschenke

Als Jesus geboren wurde, war Gold noch viel kostbarer als heute. Es war als Geschenk für einen König oder für jemand von hohem Ansehen geeignet. Somit ist es von großer symbolischer Bedeutung, dass Jesus ein solches Geschenk von den Weisen bekam. Das Gold war jedoch nicht nur ein Zeichen für die königliche Stellung, die Jesus hat. In ihrem Buch *Gifts for the King* („Geschenke für den König") weisen Bill und Leah Miller darauf hin, dass das Gold möglicherweise Maria und Josef geholfen hat, aus Bethlehem zu fliehen. Vielleicht konnte die Familie damit ihre Ausgaben bestreiten, während sie vor Herodes heimlich nach Ägypten flohen.

Erklären Sie Ihren Kindern doch an diesem Weihnachtsfest, warum das Gold, das die Weisen schenkten, für Jesus und seine Familie eine solch wichtige Rolle spielte! Anschließend überreichen Sie jedem Kind sein persönliches „Goldgeschenk". Dieses Geschenk sollte andeuten, dass Ihr Kind für Ihre Familie wertvoll ist.

Bei uns sind die „Goldgeschenke" meist auch die teuersten. Das kann z. B. das Fahrrad mit den vielen Gängen sein, von dem ein Kind geträumt hat, der CD-Spieler, für den es schon etwas gespart hat, oder auch ein Schmuckstück, das zu ihm passt. Als besondere Zugabe können Sie das „Goldgeschenk" in glänzendes Goldpapier einpacken und mit einer schillernden Schleife verzieren.

Weihrauchgeschenke

Weihrauch ist ein duftendes weißes Harz, das von einem Baum gewonnen wird, der in Ostafrika und Südarabien wächst. Wird die Rinde des Baumes eingeritzt, fließt das Harz heraus und erstarrt an der Luft. Heute ist Weihrauch für seine antiseptischen, pilzabtötenden und entzündungshemmenden Eigenschaften bekannt. Kein Wunder also, dass er im Altertum so begehrt war! Wahrscheinlich war er das erste „Allheilmittel" der alten Welt, mit dem alles behandelt wurde, von Infektionen bis zu Kopfschmerzen. Sicher konnten Maria und Josef mit ihrem neugeborenen Baby den Weihrauch gut gebrauchen!

Weihrauch war aber auch etwas Heiliges. In 2. Mose 30,34–37 sagt Gott ausdrücklich, dass Weihrauch in der Mischung des heiligen Räucherwerks in der Stiftshütte und später im Tempel enthalten sein sollte. Den Israeliten war es verboten, Räucherwerk in dieser Zusammensetzung für irgendetwas anderes zu verwenden als zu religiösen Zwecken. Gott befahl seinem Volk, es in die Stiftshütte vor die Lade mit dem Gesetz zu bringen. Der Ort, an dem er ihnen begegnen wollte, sollte von Weihrauchduft erfüllt sein.

Viele Jahre später sandte Gott Jesus, seinen Sohn, um ein symbolisches „Zelt der Begegnung" für alle Menschen zu sein. Wie passend war es daher, dass die Weisen Weihrauch als Geschenk für Marias Baby mitbrachten! Jesus war ja als unser „Immanuel" (Gott mit uns) auf die Welt gekommen.

Mit diesem Gedanken im Hinterkopf sollte das „Weihrauchgeschenk" Ihres Kindes der Art und Weise entsprechen, wie es Gott begegnet. Sie können Ihrem Kind beispielsweise eine neue Studienbibel, ein Andachtsbuch, ein Tagebuch oder eine Lobpreis-CD als „Weihrauchgeschenk" überreichen. Wenn das Kind noch kleiner ist, freut es sich vielleicht über ein christliches Video oder über eine CD mit geistlichen Kinderliedern. Mit der Zeit werden Ihre Kinder merken, auf welche Weise sie am liebsten Zeit mit Gott verbringen, und Ihnen dann selbst Vorschläge für „Weihrauchgeschenke" machen.

Als symbolische Geste können Sie die „Weihrauchgeschenke" in weißes Geschenkpapier wickeln und mit einer weißen Schleife schmücken, um an den weißen Weihrauch zu erinnern, den Jesus geschenkt bekam.

Myrrhegeschenke

Auch bei der Myrrhe handelt es sich um ein wohlriechendes Harz von einem bestimmten Baum. Aber die Myrrhe ist nicht weiß, sondern von dunklem, erdfarbenem Aussehen und hat einen starken Duft. Im Altertum verwendete man Myrrhe dazu, um Salbölen, Parfums und Flüssigkeiten zum Einbalsamieren Duft zu geben. Auch heute noch gibt es Seifen, Öle und Lotionen, denen Myrrhe zugesetzt ist.

Miller merkt an, dass Myrrhe teurer als Gold oder Weihrauch war, weil sie für die Einbalsamierung vor der Beerdigung eines Toten benötigt wurde. Auf den ersten Blick erscheint es sonderbar, eine Flüssigkeit zum Einbalsamieren als Geschenk zur Geburt eines Babys anzubieten, nicht wahr? Bedenkt man jedoch, dass Jesus geboren wurde, um eines Tages für unsere

Sünden zu sterben, dann ist die Symbolik hinter dem wertvollen Geschenk der Myrrhe leichter zu verstehen. In Johannes 19,39–40 wird uns bestätigt, dass Nikodemus Jesus tatsächlich mit Myrrhe und Aloe zum Begräbnis einbalsamierte.

Ich will damit natürlich nicht sagen, dass Sie Ihrem Kind etwas schenken sollen, was für seine Beerdigung geeignet wäre. Sie sollten Ihre Kinder aber darauf hinweisen, dass Jesus zwar als kleines Baby auf diese Welt kam, aber von seinem Vater gesandt wurde, um am Kreuz zu sterben und damit die Strafe für unsere Sünden auf sich zu nehmen. Als ganze Familie können Sie dann Gott für das Opfer seines Sohnes Jesus danken.

Als „Myrrhegeschenke" eignen sich Dinge, die zum „Salben" des Körpers benutzt werden. Dazu gehören beispielsweise duftende Badeseifen, Parfum oder Eau de Cologne, Lotionen oder Shampoos. Für kleinere Kinder ist vielleicht ein buntes Schaumbad oder eine lustige Kinderbadeseife angebracht. Um Ihre Möglichkeiten noch etwas weiter auszudehnen, bieten sich auch Kämme, Haarpflegeprodukte oder flauschige Duschtücher an. Wenn Sie danach suchen, finden Sie vielleicht sogar etwas, was echte Myrrhe enthält!

Packen Sie Ihr „Myrrhegeschenk" in erdfarbenes Papier ein, um die kräftige dunkle Farbe der Myrrhe darzustellen.

Das wirkliche Geschenk

Mit ein bisschen Kreativität werden diese Geschenke von „Gold", „Weihrauch" und „Myrrhe" Ihren Kindern helfen, zu verstehen, dass Jesus unser König der Könige, unser „Immanuel“ und unser Opferlamm ist. Wenn dann an den Feiertagen die Verwandten mit weiteren Geschenken eintreffen, werden Ihre Kinder bereits ihren Blick auf Christus gerichtet haben und die zusätzlichen Geschenke umso dankbarer in Empfang nehmen können. Vielleicht macht es ihnen sogar Spaß, den Verwandten von ihren „Geschenken der Weisen“ zu erzählen.

Gehen Sie die ganze Sache fröhlich an! Vielleicht verstehen Ihre Kinder den Sinn nicht gleich beim ersten Mal, aber mit den Jahren kann es zu einer geschätzten Familientradition werden. So war es wenigstens bei uns. Egal, wie viele Geschenke Ihnen ins Haus schneien, diese drei werden Ihre ganze Familie daran erinnern, dass das wichtigste Geschenk an jenem ersten Weihnachtsfest nicht von den Weisen kam, sondern von Gott: das Geschenk seines Sohnes und unseres Heilands Jesus Christus.

....

Kindermund

Susanne (4) erzählt, was sie in der Kinderstunde gehört hat: „Die Weisen haben dem Jesuskind Gold, Weihlauch und Möhren gebracht.“

Karola Keßler

Ungewöhnliche Geschenke

Ein achtjähriger Junge stand mit den Hirten im Stall von Bethlehem. Er schaute Jesus in der Krippe an, und Jesus schaute zu ihm. Plötzlich spürte er, wie eine warme Träne seine Wange herunterrollte.

„Warum weinst du?“, fragte ihn Jesus.

„Ich kann dir nichts schenken“, antwortete er.

„Oh doch, du kannst mir etwas geben“, entgegnete Jesus.

Der kleine Junge wurde rot vor Freude und sagte begeistert: „Ich will dir das Schönste schenken, das ich besitze!“

„Drei Dinge möchte ich von dir haben“, sprach Jesus weiter.

Sofort bot der Junge ihm seine „Reichtümer“ an: „Meinen Gameboy, meine elektrische Eisenbahn und meinen neuen Weltatlas.“

„Nein“, sagte Jesus. „Ich möchte etwas ganz anderes haben.“

„Was denn?“, wollte der Junge wissen.

Ganz leise, damit es sonst niemand hören konnte, sagte Jesus: „Schenk mir deine letzte Klassenarbeit."

Da erschrak der Junge! „Jesus", flüsterte er zurück und kam dabei ganz nah an die Krippe, „da steht doch ‚ungenügend' drunter!"

„Ebendarum will ich sie haben", erklärte Jesus. „Du sollst mir immer das bringen, wo in deinem Leben ‚ungenügend' druntersteht."

Der Junge staunte nicht schlecht.

„Und ich möchte noch ein zweites Geschenk von dir", sagte Jesus. „Deine Kakaotasse."

Nun war der Junge verzweifelt. „Die habe ich heute Morgen kaputt gemacht!"

„Bring mir immer das, was du im Leben zerbrochen hast", sagte Jesus sanft. „Ich will es wieder heil machen."

„Ja, wenn du so was haben willst …", antwortete der Junge.

„Jetzt mein dritter Wunsch", fuhr Jesus fort. „Bring mir die Antwort, die du deiner Mutter gegeben hast, als sie dich fragte, wie die Tasse zerbrochen ist."

Oh nein, dachte der Junge und legte seine Stirn auf die Kante der Krippe.

Er fing an zu weinen und stotterte: „Ich, ich … habe gesagt, der Becher ist runtergefallen. Aber das stimmt nicht. Ich habe ihn vom Tisch geschubst."

„Bring mir alle deine Lügen, deinen Trotz, alles Böse, das du getan hast", bat ihn Jesus. „Wenn du damit zu mir kommst, will ich dir vergeben und dir helfen. Ich will dich davon frei machen und dich in deiner Schwäche annehmen. Willst du dir das von mir schenken lassen?“

Der Junge kam aus dem Staunen nicht mehr heraus. Jesus wollte ungewöhnliche Geschenke!

Mein letztes Weihnachten auf der Erde

Katica Dobrijević

Ich lag in meinem Bett im Krankenhaus und dachte darüber nach, dass ich am folgenden Tag entlassen werden sollte.

Ich brauche Hilfe, ging es mir durch den Kopf. Ich kann nicht mehr alleine leben, und mein Sohn und seine Familie können nicht für mich sorgen. Was soll ich nur machen?

Plötzlich hörte ich in meinem Herzen eine leise Stimme: „Geh ins Altenheim!"

Ich wusste, dass die Bewerbung für eine solche Einrichtung ein längerer Prozess war. Ich brauchte aber sofort einen Platz. Gleich am nächsten Tag besorgte ich mir die nötigen Unterlagen. Wunder passieren schließlich immer noch! Und tatsächlich: Kurz darauf bekam ich einen Anruf, dass ein Platz für mich freiwäre.

Ich teilte das Zimmer mit drei anderen Damen. Ich war so voller Freude, Frieden und Glück, dass ich sofort begann, ihnen von meinem Glauben an Jesus zu erzählen. Mit meiner schwachen Stimme las ich ihnen aus der Bibel vor. Jeden Abend sang ich christliche Lieder und betete mit ihnen. Als mein Pastor mich nach einiger Zeit besuchte, waren zwei von ihnen bereit, ihr Leben Jesus zu geben. Die Dritte war zu schwach, um in irgendeiner Form zu kommunizieren. Nachdem sie Jesus im Gebet angenommen hatte, sagte eine der beiden: „84 Jahre lang habe ich darauf gewartet, zu wissen, dass meine Sünden vergeben sind! Lob und Dank sei Gott!"

Ich sah große Veränderungen im Leben dieser Damen. Sie beschwerten sich nie und waren mit allem zufrieden.

Weihnachten kam näher, und ich überlegte, was ich meinen Schwestern schenken könnte und auch den Pflegerinnen, die uns dienten. Ich lieh der Nachtschwester ein Buch aus mit dem Titel: „Ein bisschen beim Stern sitzen". Sie las es und war ganz aufgeregt darüber, und schon bald wollte jeder es lesen! Auch die anderen Bewohnerinnen waren tief bewegt davon. Das Buch wurde ein richtiger Hit in unserem Altenheim!

Daraufhin beschloss ich, für jeden ein Exemplar zu kaufen. Als Erstes bekam mein Arzt eins und dann die Frau, die mein Zimmer sauber machte.

Nachdem sie es gelesen hatte, sagte sie: „Das ist das wertvollste Geschenk, das ich je bekommen habe."

Eines Tages kam eine der Pflegerinnen zu mir und teilte mir mit, dass sie ein Zweierzimmer für mich hätte. Ich war sehr dankbar, denn das Leben ist gar nicht so einfach mit drei alten Frauen im Zimmer! Jetzt bin ich mit einer einzigen Dame zusammen, und sie ist auch ein Kind Gottes.

Ich werde jeden Tag schwächer und fühle, dass meine Zeit hier auf der Erde zu Ende geht. Ich bin bereit, dieses Leben hinter mir zu lassen und in die Ewigkeit einzugehen. Nächstes Weihnachten werde ich mit Jesus und seinen Engeln feiern!

Katica Dobrijević starb einige Monate später.

Wiedersehen im Himmel

Ruth Bell Graham

Meine Mutter wird mir an Weihnachten fehlen", sagte meine Freundin zu mir.

Ihre Mutter war vor Kurzem gestorben, und es würde das erste Weihnachtsfest ohne sie sein.

Als ihre Mutter im Krankenhaus lag, hatte der Arzt die Angehörigen gebeten, sie nicht zu besuchen, weil sie Ruhe brauchte.

Meine Freundin erzählte: „Zuerst habe ich draußen im Flur gewartet. Aber dann habe ich es nicht mehr ausgehalten und bin doch hineingegangen. Meine Mutter freute sich sehr und sagte: ‚Ich dachte schon, du würdest gar nicht mehr kommen!'"

Unter Tränen lächelnd, fuhr meine Freundin fort: „Weißt du, ich glaube, mit diesen Worten wird sie mich auch begrüßen, wenn ich einmal in den Himmel komme."

Die Bibel sagt: „Kostbar ist in den Augen des Herrn der Tod seiner Frommen" (Psalm 116,15). Wie oft habe ich den Tod aus meiner eigenen Perspektive betrachtet und nicht aus Gottes Sicht. So wie „Freude vor den Engeln Gottes ist über einen Sünder, der Buße tut“ (Lukas 15,10), herrscht auch Freude im Himmel über jeden, der nach Hause kommt.

Genau das war es doch, was meine Freundin sagen wollte, nicht wahr?

Schmetterling im Advent

Hildegard Rouse

Nachdem wir 37 Jahre in England gelebt hatten, zogen mein Mann und ich zurück nach Deutschland. Auf dem Weg kamen wir durch meinen Heimatort, und weil sich der Todestag meiner Schwester näherte, besuchten wir den riesigen Friedhof.

Vier Jahre zuvor hatte meine Mutter mir kurz vor ihrem Tod erzählt, dass sie aufgrund eines Traumas innerlich nicht bereit gewesen war, Kinder zu bekommen. Sie wollte keine Kinder in der Ehe mit meinem Vater. Doch auf einmal waren wir da, nicht nur eins, sondern gleich zwei: eineiige Zwillinge, zu früh geborene, sieben Monate alte Babys. Meine Mutter gebar uns zu Hause und eilte überstürzt ins Krankenhaus. Wir kamen in einen Brutkasten. Am dritten Tag ihres kurzen Lebens starb meine Schwester Helga an meiner Seite. Ich blieb zwei Monate lang in der Klinik. Nach dem Zweiten Weltkrieg fand meine Mutter das Grab meiner Schwester nicht mehr wieder, weil der Friedhof stark zerbombt worden war.

Die Last der Schuld

Meine Mutter spürte die Last einer schweren Schuld, weil diese zwei Umstände zusammenkamen: die Tatsache, dass sie keine Kinder wollte, und der Tod meiner Schwester. Sie glaubte, dass sie an Helgas Tod schuldig sei. Oft übertrug sie diese Schuld auch auf mich, die ich „die Erstgeborene war, die Stärkere, die ihrer Schwester keine Chance gab zu leben".

Meine Mutter trug dieses schwere Schuldgefühl ihr ganzes Leben lang mit sich herum. Nachdem sie mir ihr Geheimnis anvertraut hatte, zogen wir auf dem Friedhof Erkundigungen ein. Wir erfuhren, dass es erst ab 1939 Aufzeichnungen gab, und mit Freude entdeckten wir, dass die erste Beerdigung, die aufgezeichnet worden war, die von meiner Schwester am 3. Januar 1939 war. Auch die Reihe und die Grabnummer waren notiert.

Obwohl das Grab nicht mehr existierte, fanden wir doch die Stelle, wo sie bestattet worden war. Direkt daneben war eine wunderschöne Buche. Weil hier starke Wurzeln über der Erde wuchsen, würde dieser Platz niemals für ein neues Grab benutzt werden. Dies war nun für mich ein Erinnerungsort, wo ich Gott meine Trauer ausschütten konnte.

Als ich an jenem Tag – es war der zweite Weihnachtstag – wieder zu dem Ort kam, wurde ich stärker als sonst von Gefühlen überwältigt. Ich bat den Herrn, mich weiter innerlich zu heilen.

Als es Zeit war zu gehen, sagte ich vor mich hin: „Helga, du bist jetzt im Himmel, aber eines Tages werde ich dich sehen."

Ein Schmetterling zu Weihnachten

Einen Tag zuvor, am ersten Weihnachtstag, hatten mein Mann und ich etwas Flatterndes auf der Fensterbank gesehen. Als wir näher hinsahen, war es zu unserer Überraschung ein wunderschöner Schmetterling. Wir fütterten ihn mit Zuckerwasser und freuten uns sehr über sein Erscheinen so ganz außerhalb der Jahreszeit.

An meinem und meiner Schwester Geburtstag, dem 28. Dezember, bemerkte ich, dass er an dem Zuckersirup kleben geblieben war, der sich über Nacht auf der kleinen Untertasse gebildet hatte. Behutsam trug ich den Schmetterling zur Spüle, befreite ihn und trug ihn auf der Untertasse zurück zum Fenster. Wir hatten ihn noch nie fliegen gesehen; er schien noch nicht ganz entwickelt zu sein. Plötzlich schlug der Schmetterling mit den Flügeln, als habe er ein festes Ziel, flog zu dem geschnitzten Holzengel, der auf der Fensterbank stand, setzte sich knapp unter dem Nacken nieder und breitete seine Flügel über die Flügel des Engels aus.

Still standen mein Mann und ich da, zutiefst bewegt, und staunten, was da vor unseren Augen geschah.

Es war, als würde Gott sagen: „Es ist in Ordnung. Ich kenne deinen Schmerz, aber eines Tages wirst du die Schönheit sehen, die daraus entsteht.“

„Danke für deine wertvolle Gabe“

Joni Eareckson Tada

Bald ist wieder Weihnachten – und ich bin wirklich froh, dass ich noch eine gute Woche Zeit habe, um ein paar verspätete Weihnachtseinkäufe zu erledigen. Allerdings habe ich dieses Jahr früh genug daran gedacht und bereits vor Wochen Geschenke für Angehörige und Freunde besorgt. Aber ich habe mir schier den Kopf zerbrochen, um mir ein passendes Geschenk für meinen Mann Ken einfallen zu lassen! Es ist äußerst schwierig, etwas für ihn zu finden.

Vielleicht geht es Ihnen mit jemandem aus Ihrer Familie ähnlich: Sie möchten ihm etwas ganz Besonderes, Außergewöhnliches oder Einmaliges schenken. Er soll merken, dass dieses Geschenk von Herzen kommt. Für Sie wäre es die schönste Belohnung, wenn Sie spüren könnten, dass er sich wirklich über Ihre Gabe freut.

Denken Sie bitte einmal darüber nach, ob die Situation zwischen Gott und uns Menschen nicht ganz ähnlich ist. Was für ein wunderbares Geschenk hat er uns doch zu Weihnachten gemacht, als er Jesus sandte, unseren Herrn und Heiland! Der Vater im Himmel hat uns mit ihm wirklich etwas ganz Besonderes, Außergewöhnliches und Einmaliges geschenkt. Wer von uns wollte behaupten, dass dieses Geschenk nicht direkt aus dem Herzen Gottes kam? Stellen Sie sich bloß einmal die Vorfreude im Himmel vor, die Aufregung und freudige Erwartung unter den Engeln und himmlischen Heerscharen, als dieses kostbare Geschenk eingepackt wurde – in Windeln gewickelt und in eine Krippe gelegt!

Gewiss hat Gott sehr lange über dieses Geschenk nachgedacht. Ich glaube, er hat es schon vor Grundlegung der Welt geplant. Und über die Jahrhunderte und Jahrtausende hinweg hat er sorgfältig jede Einzelheit seines Kommens vorbereitet.

Genau diese himmlische Gabe feiern wir in der Weihnachtszeit. Wie jedes andere Geschenk dürfen wir es einfach entgegennehmen. Wir empfangen den Gottessohn mit einem Herzen voll Dankbarkeit und tief empfundener Freude. Es muss den Vater im Himmel sehr froh machen, wenn er sieht, dass wir sein Geschenk, Jesus Christus, gern annehmen – so, wie Paulus es zum Ausdruck brachte, als er in 2. Korinther 9,15 schrieb: „Gott aber sei Dank für seine unaussprechliche Gabe!“

Möge das unsere Herzenseinstellung in dieser Weihnachtszeit sein!

Wir sollten uns Zeit nehmen und zu Gott sagen: „Ich danke dir für dein kostbares Geschenk, Vater, für diese unbeschreiblich wertvolle Gabe, die ich umsonst von dir empfangen habe. Jesus ist so kostbar, dass man ihn gar nicht beschreiben kann. Ich preise dich für ihn. Du hast ihn dir direkt vom Herzen gerissen. Dafür will ich dir aufrichtig Danke sagen!"

Kapitel 4:

Ungewöhnlich feiern

Manche lieben Traditionen und folgen dem Motto: „Alle Jahre wieder!" Andere erleben schlimme Festtage und denken nur: „Bitte nie wieder!" Egal, wie Ihre bisherigen Weihnachtsfeste verlaufen sind, Sie können dieses Jahr ungewöhnliche Weihnachten erleben und besonders gut feiern. Mit erfülltem Herzen statt nur mit vollem Magen. In jeder Lebensphase und Lebenslage möchte Gott uns begegnen und segnen. Ja, sogar zum Segen werden lassen.

„Geben macht glücklicher als Nehmen."
Apostelgeschichte 20,35 b

Vorher und Nachher: Wenn Glück und Trauer beieinanderwohnen

Marion Klug

Vier Tage vor Weihnachten beerdigten wir meinen Mann. Seitdem weiß ich: Wenn in der Weihnachtszeit etwas ganz Schlimmes geschieht, kehren jedes Jahr ungebetene Gäste zum Fest ein: Erinnerungen. Es wird nicht schlimmer dadurch, dass es gerade zu Weihnachten passiert ist, aber irgendwie doch. Denn die Erinnerung bleibt mit dem Fest verbunden, das doch fröhlich sein sollte. Jedes Jahr – mitten im Lichterglanz – mischen sich Trauer und Schmerz unter die weihnachtliche Stimmung. Nur wenige Gedanken genügen, um das Entsetzen wieder innerlich zu spüren: „Genau zu dieser Zeit ist es passiert – vor einem Jahr, vor zwei Jahren, vor zehn, vor zwanzig Jahren."

Eine neue Zeitrechnung beginnt: vorher und nachher. Was vorher war, davon zehrt das Herz, wenn es die Wehmut erlaubt.

Und danach ist alles erst mal ganz schrecklich, dann schlimm, dann immer noch schlimm, und irgendwann fängt es an, nicht mehr ganz so schlimm zu sein, obwohl die Situation immer noch schlimm ist. Aber es gesellen sich neue Erlebnisse hinzu, die das Alte zwar nicht aufheben oder verblassen lassen, aber die stark sind, Kraft der Freude in sich tragen und verstehen helfen: Traurigkeit und Glück schließen einander nicht aus, sondern wohnen manchmal ganz dicht beieinander. Und gerade das Traurige kann das Herz befähigen, die schönen Dinge zu verstärken und mit umso größerer Freude und Dankbarkeit wertzuschätzen.

Wenn ich über Weihnachten nachdenke oder spreche, geschieht dies immer noch in dem innerlichen Erleben, dass es ein „Vorher" und ein „Nachher" gibt. Bevor mein Mann Alexander im Dezember 2000 starb, waren wir eine heile Familie. Die Kinder freuten sich noch unbeschwert auf Geschenke, und ich war erfüllt von Dankbarkeit und genoss die Gemütlichkeit. Doch „nachher" denke ich an jenen Tag vor Weihnachten, an dem wir meinen Mann beerdigten. Es war bitterkalt, und ich weiß noch, dass ich aufrichtig dankbar für den blauen Himmel über uns war. Geschneit hat es, das Grab und die Blumen erstarben unter dem darübergestäubten Schnee. Seitdem denke ich bei jedem Frost und Schnee an diese Zeit, und mein Herz fühlt die Gefühle von damals.

Das Leben geht weiter

Über das erste „Danach-Weihnachten" kann ich nur sagen: Wir haben es überstanden. Das größte Wunder war wohl, dass Gott uns vor einem Unfall auf spiegelglatter Straße bewahrte. Wenige Millimeter vor einem Verkehrsschild kamen wir nach mehrfacher Drehung zum Stehen. Das hat uns wirklich glücklich gemacht. Ich schenkte den Kindern alles, aber auch wirklich alles, was auf ihren Wunschzetteln stand, wohl wissend, dass kein Geschenk der Welt sie über den Verlust ihres Papas hinwegtrösten konnte. Lieber hätten sie auf alle Geschenke für den Rest ihres Lebens verzichtet, um ihn in unserem Leben weiter bei sich behalten zu dürfen.

Das schönste Weihnachtsfest erlebten wir 2005. Es bringt uns noch heute zum Lächeln und löst unendlich viel Freude und Dankbarkeit aus. Wir luden unverhoffte Gäste ein: zwei Freunde meiner Tochter und einen langjährigen Junggesellen. Einer der Jungen war ein Skater, dessen Mutter an Heiligabend auf eine Gala ging, zu der er sie nicht begleiten wollte.

„Mama, kann er nicht zu uns kommen? Mit uns essen und feiern? So schön kann es sonst nirgendwo sein!"

Nach Absprache mit den anderen luden wir ihn herzlich ein.

„Aber du musst ganz viele Klöße machen, der hat nämlich immer einen ganz großen Hunger."

Wir waren ein bisschen aufgeregt, als wir uns Gedanken darüber machten, wie wir dieses Weihnachten für unsere Gäste so schön wie möglich gestalten wollten. Natürlich brauchten wir auch ein Geschenk. Nach vielem Erwägen und Überlegen kam die zündende Idee: Er sollte einen Wunsch erfüllt bekommen, den er niemals auszusprechen gewagt hätte: sein absolutes Traum-Skateboard. Allein die Vorfreude auf seine Freude ließ die Vorweihnachtstage wie im Flug vergehen.

Als wir ihm das Bord überreichten, schossen ihm die Tränen in die Augen, und sein Kinn bebte: „Ach, ihr seid ja verrückt!"

Ja, das waren wir. Verrückt vor Freude und Liebe. Wenn wir es nicht vorher schon gewusst hätten, wüssten wir es nun: Schenken macht so viel glücklicher, als beschenkt zu werden! Dieses Weihnachten und das Geschenk brachten für ihn und für uns ein Vorher und ein Nachher in unsere Freundschaft.

Und ich selbst wurde auch mit einem besonderen Geschenk überrascht: Anderthalb Jahre später, im Mai 2007, heiratete ich den Junggesellen, und er ist jetzt mein Mann.

Der erste Adventskranz

Andrea Schneider

Wussten Sie, dass der Adventskranz ursprünglich 24 Kerzen hatte? Er war auch nicht aus Tannenzweigen gebunden, sondern ein schlichter Holzkranz. Für jeden der vier Adventssonntage gab es eine große weiße Kerze und für die Werktage dazwischen kleinere rote.

Der erste Adventskranz hing 1838 im großen Saal des „Rauhen Hauses" in Hamburg. Johann Hinrich Wichern hat ihn erfunden für seine Zöglinge, sozial vernachlässigte Kinder und Jugendliche. Er hatte als Lehrer in Sankt Georg die elenden Zustände in den Familien kennengelernt.

Johann Hinrich Wichern, geboren 1808, verlor mit 15 Jahren seinen Vater. Und er musste von da an als Hilfslehrer für den Lebensunterhalt seiner sechs Geschwister sorgen. In der sich entwickelnden Großstadt Hamburg verschärfte sich das soziale

Elend, gerade auch für Kinder. Es gab weder Krankenkassen noch eine allgemeine Schulpflicht.

Auch nach seinem Theologiestudium ließ Wichern die Sorge für mittellose Kinder nicht los und so gründete er 1833 das erste seiner sogenannten „Rettungshäuser“ für Kinder, das „Rauhe Haus“.

Hier sollten bedürftige Jugendliche lesen und schreiben lernen, aber auch eine familiäre Atmosphäre erleben und Geborgenheit und Vertrauen kennenlernen. Gebet und Arbeit gehörten zum Programm, aber genauso auch Spielen und Feste feiern.

In einer Rede vor Kirchenführern brachte der fromme Mann seine Überzeugung so auf den Punkt: „Wie der ganze Christus im lebendigen Gotteswort sich offenbart, so muss er auch in den Gottestaten sich bezeugen.“

Nicht nur reden, sondern tun – das ist bis heute eine spannende Herausforderung für Leute, die Christen sein wollen.

Johann Hinrich Wichern hat dafür gelebt. Und ebendeshalb für seine Kinder auch den Adventskranz gemacht.

Über ihre Freude hat er sich herzlich mitgefreut: „Was gucken die Knaben- und Mädchenaugen so lustig empor? Es ist nichts als ein einfacher Holzkranz. Und auf dem Kranze das erste Licht, weil heute der erste Adventstag ist. Und morgen brennen schon zwei. Und je mehr Lichter brennen, desto näher rückt Weihnachten und desto froher werden Knaben und Mädchen …“

Wenn Sie die Kerzen an Ihrem wahrscheinlich aus Tannengrün gebundenen Adventskranz anzünden – vielleicht denken Sie dann daran: Er wurde erfunden für Kinder, denen das Leben bisher wenig Grund zur Freude geboten hatte.

Und er will sagen: Licht und Freude breiten sich aus – und wir dürfen dabei sein.

„Na ja, so wie immer ...!“

Juliane Löffel

Kurz vor Weihnachten telefonierte ich mit meiner Freundin in Berlin. Sie fragte mich, wie ich und meine Familie in diesem Jahr Weihnachten verbringen würden.

Ich antwortete: „Na ja, so wie immer – nichts Besonderes eben.“

Als ich später auflegte, gingen mir meine Worte nicht mehr aus dem Sinn. Ich wollte weiterarbeiten, aber meine Gedanken hinderten mich daran.

„Wie immer ...“ So wie ich es gesagt hatte, muss es sehr gleichgültig und gelangweilt geklungen haben.

„Wie immer“ – das war ein gemütliches Fest im Kreise unserer großen Familie. Am Heiligabend kommen meine Eltern und meine 91-jährige Großmutter schon zum Kaffeetrinken zu uns, um 17 Uhr gehen wir zur Christvesper in unsere Kirche, und nach dem gemeinsamen Abendessen kommen die Schwester meiner Mutter, ihre Tochter und Familie zu uns.

Glückliche Kinderaugen warten dann auf die Bescherung, und auch die Erwachsenen machen sich kleine Geschenke. Es ist ein großes Auspacken angesagt, und bei Hausmusik sitzen wir gemütlich bis zum späten Abend zusammen. Es ist doch ein wunderschöner Abend.

Am ersten und zweiten Feiertag trifft sich der Rest der Familie, keiner wird vergessen. Dazwischen ist für jeden viel Zeit für Ruhe und Besinnlichkeit. Wir machen Spaziergänge, spielen mit den Kindern oder lesen ein gutes Buch. Es ist eine Zeit, um zur Ruhe zu kommen und füreinander Zeit zu haben.

„Na ja, so wie immer." Das klang wie eine undankbare Klage in meinem Kopf.

Ausgerechnet meiner Freundin in Berlin musste ich das antworten. Sie würde das Weihnachtsfest ohne Familie verbringen. Von ihrem Mann lebte sie getrennt, und ihr Sohn war im Rahmen eines Jugendprojekts für ein Jahr in Portugal. Wie muss dieser Kommentar für sie geklungen haben!?

Lange beschäftigten mich meine dahingesagten Worte.

Uns geht es gut, und oft vergessen wir, es wirklich zu schätzen und dankbar zu sein für die Gnade Gottes, so leben zu dürfen.

Wie oft bin ich unzufrieden, rastlos und undankbar. Es ist dem Menschen sehr eigen, am meisten über sich selbst nachzudenken.

Trifft ein erwarteter Geldbetrag nicht ein, misslingt der Sonntagsbraten, bringt ein unerwartetes Problem den Tagesablauf durcheinander oder bringen die Kinder eine schlechte

Note nach Hause – das alles sind Dinge, die uns oft ärgerlich machen, uns stöhnen lassen unter der „Last des Alltags".

Kommt uns in so einem Moment in den Sinn, wie viel Leid es zur selben Zeit wirklich auf der Welt gibt?

Menschen, die kein Geld zum Leben haben, nicht das Nötigste besitzen oder gar einen Sonntagsbraten zubereiten können, nie einen Tag planen können, weil Krieg, Hunger oder Krankheit es nicht zulassen, Kinder, die niemals eine Schule besuchen können.

Ich wurde immer unglücklicher, je länger ich über meine Worte nachdachte. Mir wurde bewusst, wie glücklich ich war, sagen zu können: „Wie immer."

Ich sollte vielmehr sagen: „Ich bitte Gott, dass es so schön sein wird wie immer!" Oder besser noch: „Danke, Gott, dass ich so leben kann!"

Unser Leben kann so schnell eine andere Wende nehmen. Tod oder Krankheit in der Familie oder im Freundeskreis können ganz plötzlich alles verändern.

An diesem Abend bat ich Gott für meine Worte um Verzeihung und dankte ihm, dass er mich bis hierher bewahrt hatte, mir in Not beistand und mich nie mehr tragen ließ, als ich konnte.

Meiner Freundin in Berlin erzählte ich auch von meinen Gedanken.

„Ich wünsche dir ein gesegnetes Weihnachtsfest", sagte ich, „und dass du auch einmal glücklich sagen kannst: ‚Wie immer – schön.'"

Sie erzählte mir später, dass es tatsächlich ein schönes Weihnachtsfest war. Freunde luden sie ein, mit ihnen und ihren Kindern Weihnachten zu feiern. Dafür war sie dankbar.

Gott hat mich aufgefordert, über meine Worte nachzudenken. Dafür bin ich dankbar. Ich habe dieses Weihnachtsfest ganz bewusst erlebt. Daran will ich denken, wenn es uns einmal weniger gut geht. Gott hat uns viele schöne Jahre in der Familie geschenkt.

Haben Sie Heiligabend ein Zuhause?

Lotte Bormuth

Schon von Weitem fällt das Plakat ins Auge, mit dem jeder eingeladen wird, der an diesem Abend allein ist: Asylanten, Flüchtlinge, ausländische Studenten, Obdachlose, Einsame und Alte. Seit fast dreißig Jahren feiern wir die Geburt Jesu Christi auf diese Weise in unserem Gottesdienstsaal, erwartet werden 100 bis 150 Gäste.

Für mich beginnt der 24. Dezember am frühen Morgen, denn ich will vier Eimer Kartoffelsalat produzieren. Mein Mann übt sich im Zwiebelschneiden, ich koche nacheinander 120 Eier. Fleischsalat, Gurken und Gewürze sind weitere Zutaten. Dazu soll es heiße Würstchen geben. Sparen will ich nicht, denn wir feiern eines der schönsten Feste, das es für Christen gibt.

In einem Supermarkt bitte ich die Filialleiterin um das übrig gebliebene Obst.

„Kommen Sie kurz vor Ladenschluss vorbei, dann können Sie diese Regale leer räumen. Feiern Sie nur tüchtig!"

In unserem festlich geschmückten Saal erstrahlt der Tannenbaum im Lichterglanz. Gegen 18 Uhr wird die Tür aufgeschlossen, und die Menschen strömen mit Kind und Kegel herein.

Franz, ein alter Bekannter, hat sogar seinen Hund mitgebracht. Ich polstere für ihn einen großen Karton aus und verspreche dem bärtigen Mann: „Franz, dein Hund bekommt heute auch eine Wurst, denn wir haben allen Grund, uns zu freuen: Christus ist geboren!" Eine Ukrainerin schiebt ihren Kinderwagen herein, in dem das drei Wochen alte Baby – das siebte Kind dieser Aussiedlerfamilie – schläft. Wir stellen schnell zwei Tische zusammen, damit die Großfamilie Platz findet.

Hungrige Gäste

An jedem der gedeckten Tische sitzt ein Mitarbeiter. Er bedient seine Leute und versucht, mit ihnen ins Gespräch zu kommen. Einige von uns sprechen Englisch, Spanisch, Russisch oder Französisch, sodass sie sich mit unseren ausländischen Gästen unterhalten können. Immer wieder füllen wir die Schüsseln mit Kartoffelsalat, Würstchen und den verschiedensten Obstsorten auf, denn unsere Gäste sind hungrig. Für manche ist dies die erste Mahlzeit des Tages.

Nach dem Essen folgt das Wunschkonzert. Gewaltig klingen die alten Weihnachtslieder – von Posaunen begleitet – aus vielen Kehlen. Eine Gruppe von Rumänen singt die Doxologie, den Lobgesang zur Ehre Gottes, und manch einem laufen dabei die Tränen über die Wangen.

Ein Gast erzählt mir: „Dreizehn Jahre habe ich meine Frau gepflegt, sie war halbseitig gelähmt. Im Oktober ist sie verstorben, und jetzt bin ich ganz allein. Gut, dass die Tür bei Ihnen offen ist, ich hätte nicht gewusst, wie ich das Christfest sonst überstehen sollte."

Peter ist schon zum siebten Mal unser Besucher, wohl der jüngste unter den Obdachlosen. Er haust in einem Zelt an der Lahn, seitdem seine Bude abgerissen wurde. Ganz durchgefroren ist er bei uns angekommen.

„Wo hast du deine Jacke gelassen, wir haben doch Winter?", frage ich ihn.

„Mein Parka ist mir gestohlen worden. Wenn mir dieser Typ über den Weg läuft, dann …", droht er mit der Faust.

Von der Garderobe hole ich den Mantel meines Mannes.

„Probier mal, ob er dir passt. Mein Mann hat noch einen."

Er lacht und schlüpft hinein.

Dann schaut er sich im Spiegel an, dreht sich plötzlich um, kommt auf mich zu, umarmt mich und gibt mir einen Kuss: „Du bist wie meine Mutter! Danke!"

Ich bekomme viele Küsse von meiner Familie, aber dieser Kuss ist mir der allerliebste. Ob ich mir dabei eine kleine Laus eingefangen habe? Mir ist so wohl im Herzen, und ich bin glücklich.

An einem Tisch sitzen einige ältere Damen, von denen eine

Frau im Rollstuhl mir die Hand drückt: „Schon seit Ostern freue ich mich auf den Heiligabend bei Ihnen. Können wir wieder mein Lieblingslied singen, ‚Die Nacht ist vorgedrungen‘? Vielleicht die fünfte Strophe?“

Ich sage es ihr zu: „Vor der Andacht können wir es mit dem Chor anstimmen, ich mag dieses Lied auch sehr gerne.“

Trost im Kummer

Ein junger Mann am Nachbartisch spricht mich an: „Es ist große Klasse, dass Sie eine solche Feier veranstalten und mich dazu eingeladen haben. Ich weiß nicht, wie ich sonst den Heiligabend zugebracht hätte. Wahrscheinlich hätte ich mir einen angetrunken, so verzweifelt, wie ich bin.“

Ich bitte den Gast, mit mir in den Nebenraum zu kommen, wo wir ungestört reden können.

„Ich stehe vor einem Scherbenhaufen“, fährt er fort. „Für meine Frau und mich habe ich ein Haus gebaut, und jetzt, wo es fertig ist, verlässt sie mich. Ich darf noch nicht mal meinen Sohn besuchen. Das Weihnachtspaket, das ich ihm geschickt habe, kam zurück mit dem Vermerk ‚Annahme verweigert‘. Vor lauter Wut habe ich die selbst gebastelte Eisenbahn kurz und klein geschlagen und verbrannt. Warum tut sie mir das an? Diese Anspannung halte ich fast nicht mehr aus. Ich bring mich noch mal um!“

Ich sitze dem jungen Ingenieur gegenüber und fühle seinen Schmerz.

„Ob diese Verzweiflung, in der Sie augenblicklich stecken,

nicht auch eine Chance ist, nach dem wahren Sinn Ihres Lebens zu fragen? Sie sind vor Gott ein sehr wertvoller Mensch und dürfen nicht einfach Ihr Leben wegwerfen!", spreche ich ihm Mut zu. „Gott leidet mit Ihnen, und er hat Jesus Christus Mensch werden lassen, damit Sie nicht ungetröstet bleiben müssen. Jesus will Ihnen ganz nahe kommen, weil er Sie versteht und Ihnen helfen will! Würden Sie mir erlauben, dass ich Ihren Kummer Gott sage?"

Er nickt, und wir falten unsere Hände zum Gebet. Das ist Weihnacht, wenn ein Mensch Hoffnung gewinnt.

Bis zum nächsten Jahr!

Zurück im Saal läuft gerade ein Kinderprogramm. Es ist laut, aber das stört die ältere Generation nicht. Sie hat ihre Freude an den lustigen Spielen und klatscht Beifall.

Anschließend werden alkoholfreier Punsch und selbst gebackene Plätzchen aufgetragen. Spät ist es geworden – und still, denn die Kinder sehen nun im Jugendraum einen Film, während die Erwachsenen der Weihnachtsandacht lauschen: „Euch ist heute der Heiland geboren!" Das ist die wichtigste Botschaft des Abends.

Dann folgt die Bescherung: In einer bunten Tüte stecken ein Handtuch, Duschgel, ein Buch und eine Tafel Schokolade für jeden.

„Fritz, hast du auch ein Handtuch?", fragt Paul seinen Nachbarn.

Der nickt.

„Wie gut, dann musst du dich nicht immer an meinem abtrocknen!"

Beide Männer sind zufrieden.

Die Kerzen sind heruntergebrannt, als wir „O du fröhliche" singen. Herzlich verabschieden wir unsere Gäste.

„Nächstes Jahr komme ich wieder!", sagt eine alte Dame.

Ich selbst bin froh, tief im Herzen froh, und noch lange bewegt mich das Lied von Jochen Klepper:

„Die Nacht ist vorgedrungen, der Tag ist nicht mehr fern.
So sei nun Lob gesungen dem hellen Morgenstern.
Auch wer zur Nacht geweinet, der stimme froh mit ein.
Der Morgenstern bescheinet auch deine Angst und Pein."

Gott hat uns mit der Heiligen Nacht ein Fest bereitet. An der Krippe im Stall zu Bethlehem dürfen wir selbst heil werden – und dann dieses Heil verkündigen!

....

Kindermund

Zu Weihnachten besuchten wir mit dem Auto unsere Kinder. Als wir wieder nach Hause fuhren, nahmen wir versehentlich die falsche Autobahnausfahrt.

Mein Mann war ärgerlich und sagte: „Wo fahren wir denn jetzt hin?!"

Da erklang die zarte Stimme der kleinen Emma (4) auf dem Rücksitz: „Wir fahren nach Bethlehem in den Stall!"

Edeltraud Brückner

Wie buchstabiert man Liebe?

Die Presse berichtete von einem 23-jährigen Mann, der seine Freundin zu einem Flug einlud. Als sie über das Landgut seines Vaters flogen, sah sie nach unten und erblickte quer über ein Feld in riesigen Buchstaben aus 6 Meter langen Plastikplanen die folgenden vier Worte: „Alexa, heiratest du mich?“ Verwundert drehte sie sich um und sah, wie er ihr einen Verlobungsring entgegenstreckte. Sie nahm ihn an.

Zu Weihnachten hat Gott uns seine Liebe in großen Buchstaben auf die Erde geschrieben: JESUS. Und wenn wir lernen, ihn so zu lieben, wie wir es sollten, werden wir auch andere auf eine neue Weise lieben. Ehemänner werden zum Beispiel die Entdeckung machen, dass die Liebe Christi eine gebende Liebe ist. Statt sich dienen zu lassen, strebt sie danach zu dienen.

C. S. Lewis schlug vor, keine Zeit damit zu verschwenden, darüber nachzudenken, ob wir unsere Nachbarn lieben. Wir sollten uns einfach so verhalten, als ob wir es täten, denn sobald wir anfangen, uns so zu verhalten, werden wir entdecken, dass wir sie in dem Moment lieben.

Lassen Sie uns heute für jemanden Liebe buchstabieren in den Buchstaben DIENEN.

Nicht eingeladen

Brigitte Rath

Ist Ihnen das auch schon mal passiert? Da findet ein Fest statt, bei dem Sie gerne dabei gewesen wären, und Sie werden nicht eingeladen.

Mir ist das vor einiger Zeit so ergangen. Nicht ein Fest, sondern sogar zwei fanden an diesem Tag in unserer Gemeinde statt: eine Hochzeit und ein Geburtstag. Mit unserem Chor haben wir bei beiden Feierlichkeiten gesungen und geblasen. Bei der einen Feier war die eine Hälfte des Chores eingeladen, bei der anderen die andere Hälfte.

Und plötzlich stellte ich fest: Ich war die Einzige, die nirgends eingeladen war!

Eigentlich gab es auch gar keinen Grund, weshalb ich hätte eingeladen werden müssen. Ich war mit den jeweiligen Familien weder verwandt noch besonders eng befreundet. Trotzdem machte es mich betroffen und traurig. Die anderen feierten nun zusammen – und ich ging nach Hause.

Gut konnte ich jetzt mit meinen Kindern mitfühlen, wenn sie mal nicht zu einem Geburtstag eingeladen wurden, wo sie gerne hingegangen wären. Das tut richtig weh. Das tut so weh, dass Kinder schon mal anfangen zu weinen. Nicht eingeladen werden heißt, aus der Gemeinschaft ausgeschlossen zu sein, und das möchte niemand gern.

Vielleicht ist es Maria und Josef an Weihnachten ähnlich ergangen. Nein, sie waren nicht unterwegs zu einem Fest. Sie mussten zu einer Volkszählung nach Bethlehem, weil ihre Vorfahren von dort stammten. Das war keine Einladung, sondern eher eine Vorladung. Und sie machten sich auf den Weg, der sicherlich sehr beschwerlich war. Die Strecke ist der hochschwangeren Maria bestimmt nicht leichtgefallen.

Und dann kommen sie endlich in Bethlehem an und stellen fest: Hier gibt es keinen Platz für uns. Hier sind wir nicht erwünscht. Und eingeladen sind wir erst recht nicht.

Schließlich hat man nur noch eine Notunterkunft für sie – in einem Stall. Und so empfängt die Welt ihren König in einem Verschlag.

Als Kind habe ich mir immer vorgestellt: Wenn Maria und Josef zu mir gekommen wären, hätte ich ihnen bestimmt einen Platz in unserem Haus verschafft.

Aber wenn ich das heute so bedenke … vielleicht hätte auch ich in dieser Situation gesagt: „Kein Platz, keine Einladung für fremde Leute, die ein Bett zum Schlafen suchen. Alles belegt!“

Jesus ging es nicht nur bei seiner Geburt so, dass er nicht eingeladen wurde. Oft musste er noch erfahren: Er war unerwünscht. Sogar so unerwünscht, dass er schließlich sterben musste.

Alte Geschichten von damals? Nein, ganz im Gegenteil, brandaktuell! Heute nämlich wartet Jesus auch noch auf die Einladung jedes Einzelnen.

Und das Tollste ist: Er wendet sich nicht beleidigt ab, weil man ihn vielleicht lange hat warten lassen, sondern er kommt, wenn er eingeladen wird. Er kommt zu jedem Einzelnen. Und dann gibt es ein Riesenfest!

Nie wieder traurige Weihnachten

Brigitte Helfmann

Weihnachten hatte für mich von jeher eine große Bedeutung. Die wesentliche Rolle dabei spielte allerdings nicht das Kind in der Krippe, sondern das Christkind, das viele schöne Geschenke bringt.

In der Nachkriegszeit, in der meine Eltern alle Hände voll damit zu tun hatten, sich und uns Kinder durchzubringen, war das Weihnachtsfest etwas ganz Besonderes, Strahlendes inmitten einer dunklen und schweren Zeit. Alle Schwierigkeiten und Sorgen des Alltags rückten in den Hintergrund. Meine Mutter verstand es, ein Weihnachtszimmer zu gestalten, das so aussah, als wäre es von Engeln in ein himmlisches Paradies verwandelt worden. Als Geschenke gab es teils notwendige Kleidung, teilweise aber auch richtigen Luxus, wie zum Beispiel einen Schallplattenspieler. Ich erinnere mich noch gut daran, wie wir die Nacht hindurch bis in den frühen Weihnachtsmorgen hinein Schallplatten hörten.

Wir feierten den Heiligabend nie als Familie alleine. Es waren neben der Oma auch unsere Hausangestellten eingeladen. Während des ganzen Jahres gab es zwar Streit und Zwietracht, aber am Heiligabend schien alles stillzustehen. Er herrschte eine Art Waffenstillstand. Aller Ärger und Kampf wurde wie von unsichtbarer Hand angehalten, und ich hatte ein Gefühl von Frieden. Vielleicht war es das, was mich – außer der Geschenkepracht – am Heiligabend meiner Kindheit immer wieder begeistert hat.

Weihnachtliches Chaos

Als ich später eine eigene Familie hatte und natürlich alles besser machen wollte als meine Eltern, spielte weder das Kind in der Krippe noch das Christkind oder gar Gott irgendeine Rolle in meinem Leben. Trotzdem versuchte ich immer wieder, den Weihnachtsglanz zu erreichen, den ich bei meiner Mutter erlebt hatte. Doch es wollte mir nicht gelingen.

Statt eines harmonischen Heiligabends erlebten wir ein weihnachtliches Chaos. Aus dem Wunsch heraus, für die Kinder ein Paradies zu schaffen, kaufte ich Geschenke, denen sie vom Alter her nicht gewachsen waren.

Ich erinnere mich an einen Heiligabend, für den wir einen Kaufladen besorgt hatten. Darin gab es viele kleine Döschen und Schächtelchen, gefüllt mit kleinen bunten Kügelchen. Kaum eine Stunde nach der Bescherung lag der Inhalt dieser

Döschen bunt gemischt auf unserem Teppichboden. Entnervt rückten wir dem Problem mit dem Staubsauger zu Leibe – inmitten von Weihnachtsmusik und Glöckchenklang. Die Enttäuschung verdarb noch mehr von der Weihnachtsfreude.

Auch in den Folgejahren blieb bei allem, was ich tat, stets der Beigeschmack von etwas Unechtem. Kein Glanz zog in unsere vier Wände. Es klappte einfach nicht, und irgendwann hatte ich auch keine Lust mehr, mir noch besondere Mühe zu geben. Es war sinnlos. Das Kinderparadies meiner Mutter blieb etwas Unerreichbares für mich.

An fast jedem Heiligabend war ich von Depressionen erfüllt, und so fand er entweder freudlos oder vor dem Fernseher statt. Wenigstens kamen manchmal schöne Filme. Trotzdem sehnte ich mich nach mehr.

Das Geburtstagskind

Nach jahrelanger Weihnachtsdepression entdeckte ich die wahre Bedeutung von Weihnachten. Ich erkannte, dass das Geschenk, um das es beim Weihnachtsfest geht, viel größer und erhabener ist, als alle materiellen Dinge dieser Welt sein können. Es ist der Friede Gottes, der vom Himmel in unsere Welt gekommen ist – als Geschenk für uns, damit wir Frieden finden können in unserer Seele.

Wir feiern ein Geburtstagsfest – und das Geburtstagskind ist Jesus. Er ist es, dem eigentlich die Geschenke an Weihnachten zustehen. Jetzt wurde mir auch klar, dass mir ohne eine Beziehung zu diesem Gott ein himmlisches Fest gar nicht gelingen konnte. Ich begann davon zu träumen, wie ich Weihnachten „richtig“ feiern könnte.

Wie beschenke ich Jesus als Geburtstagskind?

Mir kam ein Vers aus der Bibel in den Sinn: „Was ihr dem geringsten meiner Brüder getan habt, das habt ihr mir getan“ (Matthäus 25,45).

Heißt das, dass ich Jesus beschenke, wenn ich dem Geringsten etwas Gutes tue? Das wäre doch gar nicht so schwierig, dachte ich mir. Wir könnten einsame und arme Menschen einladen und beschenken!

Dieser Gedanke erfüllte mich mit Freude. Doch die Begeisterung starb schnell, als mir der erste „Anwärter“ einfiel: ein total verwahrloster Typ, der in unserer Gemeinde aus und ein ging. Angesichts eines solchen Gedankens schreckte ich vor Taten schließlich doch zurück. Was würden die Nachbarn denken, wenn sie einen Penner bei uns sehen würden?

So träumte ich weiter von einem himmlischen Weihnachtsfest. Irgendwann würde Gott es schon schenken, überlegte ich.

Obdachlose und Kranke

Jahre vergingen – es blieb im Wesentlichen alles beim Alten, aber dennoch gab es eine sehr schöne Ausnahme. In einem Jahr gingen wir am Heiligabend nachmittags mit dem Gemeindechor unter die Brücken zu den Obdachlosen. Abends schloss sich unsere Familie einer Gruppe der Heilsarmee an, die in ein Krankenhaus ging. Dort sangen wir auf den Korridoren Weihnachtslieder, und danach hielten einige von uns eine

Kurzpredigt über das, worum es an Weihnachten geht. Die Kranken waren tief berührt – und wir waren es auch.

Als wir mit Glücksgefühlen nach Hause fuhren, ahnten wir, dass wir an diesem Abend der Weihnachtsbedeutung ein ganzes Stück nähergekommen waren.

Der Glanz des Teilens

Jahre später, als meine Mutter am Heiligabend zu Besuch war, luden wir auch eine Freundin und ihren Mann ein. Ich hatte mein Wohnzimmer in einen wunderschönen, festlichen Glanz gehüllt. Es gab eine kleine Feierstunde mit Gebet, Gesang, einer Weihnachtsgeschichte und einem Imbiss. Die beiden, die auf diese Weise etwas vom Weihnachtsgeheimnis gespürt hatten, waren begeistert.

Ein Jahr später, kurz vor Weihnachten, erinnerte mich die Freundin wehmütig daran, wie schön es doch im letzten Jahr mit den Gebeten und Liedern bei uns gewesen sei. Eigentlich hatten wir in diesem Jahr etwas anderes vor, doch plötzlich hörte ich eine leise Stimme in mir, die mir sagte, dass es an Weihnachten doch darum geht, dass wir bereit sind, das, was wir haben, mit anderen zu teilen. Das haben wir dann auch getan.

Seither feiern wir gemeinsam den Heiligabend. Es sind schöne, gemütliche Stunden. Weihnachtsdepressionen gibt es für mich nicht mehr.

Stattdessen habe ich den Eindruck, dass Gott mir jedes Jahr zuflüstert: „Du bist bereits auf dem richtigen Weg – gehe ihn nur weiter."

Und: Ich träume wieder. Ich träume davon, dass der Glanz meiner Kindheitsweihnachten irgendwann in vollkommener Schönheit in meine vier Wände einzieht.

Gastfreundschaft: Das Geschenk des Willkommenseins

Gastfreundschaft bedeutet, Menschen, die an unsere Tür klopfen, willkommen zu heißen, zu beherbergen und zu versorgen – und das alles, ohne einen Nutzen daraus ziehen zu wollen. Bei Gastfreundschaft geht es um viel mehr als um auserlesene Speisen und eine vornehm gedeckte Tafel. Es geht vor allem darum, das, was wir haben und sind, mit denen zu teilen, die Gott uns schickt. Dazu gehört auch, sich Zeit für die Gemeinschaft zu nehmen und flexibel genug für spontane Treffen zu sein.

Für die Menschen in biblischen Zeiten war Gastfreundschaft nicht nur eine Sache des Anstands, sondern in den rauen Wüstengebieten überlebensnotwendig. Sie wurde sogar öffentlich belohnt – so wie bei Rahab, die verschont wurde, als Jericho fiel, weil sie die von Josua ausgesandten Kundschafter beherbergt hatte (Josua 2,12–14). Fehlende Gastfreundschaft hingegen wurde bestraft, so wie bei Nabal, der sterben musste, weil er sich geweigert hatte, Davids Männern Gastfreundschaft zu gewähren (1. Samuel 25).

Im Neuen Testament liefert Jesus das Vorbild vollkommener Gastfreundschaft: Er kümmert sich über die alltäglichen körperlichen Bedürfnisse hinaus um die tiefsten Nöte derer, die zu ihm kommen (Matthäus 15,32–39). Die Schreiber des Neuen Testaments fordern uns auf, unseren Mitchristen gegenüber gastfreundlich zu sein (Römer 12,13; 1. Petrus 4,9; 3. Johannes 8).

Wir können unser Herz und Leben mit anderen teilen, selbst wenn das Essen einfach und der Tisch bescheiden gedeckt ist. Bei dem Geschenk des Willkommenseins kommt es vor allem auf die Haltung an, die dem anderen sagt: „Du bist mir nicht egal, ich habe dich lieb, und deshalb habe ich einen Platz vorbereitet, an dem du dich wohlfühlen sollst." Gastfreundschaft beginnt zu Hause, und zwar „ohne zu murren" (1. Petrus 4,8–10). Im Grunde genommen dient sie Gott selbst (Matthäus 25,40; Kolosser 3,23–24).

Gastfreundschaft wird belohnt. Anderen zu dienen und mit ihnen zu teilen, erfordert Opferbereitschaft, und Gott verspricht uns, dass unsere Opfer nicht unbemerkt bleiben (Hebräer 6,10). Alles, was für Christus getan wird, bleibt nicht nur bestehen, sondern vervielfacht sich auch (siehe Matthäus 25,14–30). Auch geistliche Belohnungen dafür warten in der

Zukunft auf uns. Denken wir nur an die Emmaus-Jünger: Sie luden einen vermeintlich Fremden zum Essen ein und stellten fest, dass sie das Brot mit Jesus selbst brachen (Lukas 24,13–32).

So wie der Sonnenschein die Schönheit eines bunten Glasfensters offenbart, lässt Gastfreundschaft das Licht des Gottessohnes aus unserem Herzen herausleuchten. Wir können Jesu Liebe praktisch weitergeben, indem wir anderen unser Haus öffnen und ihnen mit Gastfreundschaft begegnen.

....

Kindermund

Juli (4) erzählt die Weihnachtsgeschichte nach: „… und dann kamen Maria und Josef nach Bethlehem. Doch nirgendwo gab es einen Platz für sie zum Übernachten. Nur ein Mann sagte: ‚Ich habe da hinten einen Stall, da könnt ihr ein bisschen chillen!'“

Karoline Kuhn

Licht in der Dunkelheit

Helen Lescheid

Heiligabend 1944 in Polen. Unsere Familie war zu einer Weihnachtsfeier im Nachbardorf eingeladen worden. Meine Mutter zögerte jedoch, die Einladung anzunehmen.

Wir waren unerwünschte Flüchtlinge aus der Ukraine, geflohen mit der deutschen Armee, als diese sich auf dem Rückzug befand. Mein Vater war angezeigt worden, weil er seinen Dienst an der russischen Front nicht angetreten hatte.

Es gab in dieser Gegend viele Untergrundaktivitäten von Widerstandskämpfern, und die Straßen waren abends nicht sicher. Gerüchte gingen um, dass Flüchtlingsfrauen vergewaltigt und ihre Kinder belästigt wurden.

Schließlich traf Mutter ihre Entscheidung.

Die Kinder verdienen zu Weihnachten eine kleine Aufmunterung, dachte sie, wir werden gehen.

Sie wies meine Schwester und mich an, uns warm anzuziehen, denn draußen war es kalt.

„Heute gehen wir auf eine Party“, sagte sie.

Mit meinen acht Jahren spürte ich keine Gefahr – nur aufgeregte Vorfreude.

Wanderung im Schnee

Schnell zogen meine zwei Jahre jüngere Schwester und ich uns an. Wenn Mutter sich doch nur beeilen würde! Ein einfacher Kerzendocht flackerte in einer Untertasse mit Öl – unser einziges Licht. Wir konnten Mutters schattenhaften Umriss kaum erkennen, als sie geschäftig hin und her lief, um meinen vierjährigen Bruder Frank und meine fast zweijährige Schwester Katie fertig zu machen. Endlich zog Mutter ihren schweren Wintermantel an, band ihr Kopftuch um und zog die warmen Filzstiefel an.

Sie blies das Licht auf dem Küchentisch aus. Nun war es stockdunkel.

„Lena, öffne die Tür!“, rief sie mir zu.

Wir traten hinaus in den knirschenden Schnee, der den Hof bedeckte. Eine helle Mondsichel stand über dem großen Haus auf der anderen Seite des Hofes, in dem die Besitzer des Grundstücks wohnten – freundliche Leute, die uns Flüchtlinge gut behandelten.

Mutter hob Katie auf den Rücken.

Dann wandte sie sich uns Mädchen zu und sagte: „Ihr nehmt Frank an die Hand.“

Meine Schwester und ich taten wie uns geheißen. Wir hatten uns oft um unseren kleinen Bruder gekümmert, während Mutter in der großen Scheune Kartoffeln sortiert hatte.

Als wir die Straße erreichten, zögerte meine Mutter. Das ganze Dorf lag im Dunkeln, und obwohl dies mein Schulweg war, konnte ich kaum die Häuser erkennen, die die Straße säumten. Weil die Häuserfront so dicht an der Straße war, hatten die Bewohner ihre Fenster mit dicken Stoffen verhangen.

„Wir nehmen die Abkürzung über die Felder", sagte meine Mutter.

Der Schnee knirschte, als vier Paar Füße Löcher in die weiße Weite der offenen Felder drückten. Sterne schmückten das Himmelsgewölbe über uns, und der Schnee glitzerte auf den Bäumen.

Nach einer Weile setzte Mutter Katie auf den Boden und forderte uns auf: „Mädchen, sagt eure Gedichte auf!"

Als wir unsere Weihnachtsgedichte vortrugen, war unser Atem in der kalten Nachtluft sichtbar.

„Wenn ihr an die Reihe kommt, sprecht laut und deutlich und nuschelt nicht vor euch hin", mahnte sie.

Ein herzliches Willkommen

Sie nahm Katie wieder hoch und wir setzten unseren Weg fort. Etwa eine Stunde später erreichten wir das Haus unserer Freunde, das ebenfalls in Dunkelheit gehüllt war. Doch als die Tür sich öffnete, verschlug mir die Helligkeit schier den Atem, die von den Kerzen eines kleinen Weihnachtsbaumes ausging.

Das Kerzenlicht warf einen warmen Glanz auf die glücklichen Gesichter der auf dem Fußboden sitzenden Kinder und Mütter.

Wir nahmen unseren Platz ein und beteiligten uns am Programm. Jedes Kind sagte ein Gedicht oder einen Bibelvers auf. Dann kam der Weihnachtsmann ins Zimmer und gab jedem Kind ein Geschenk. Zum Abschluss sangen wir unsere liebsten Weihnachtslieder: „Stille Nacht, heilige Nacht“ und „Welch ein Jubel, welche Freude“. Einige Mütter sangen Alt, der Rest von uns Sopran.

An den langen Nachhauseweg erinnere ich mich nicht, nur an das wundervolle Geschenk, das ich bekam: Meine rechte Manteltasche beulte sich, weil sich darin der schönste Ball befand, den ich je gesehen hatte. Es war ein sehr bunter Ball. Erst viel später erfuhr ich, dass er aus zusammengeknüllten Lumpen bestand, die mit regenbogenfarbenem Garn umwickelt worden waren. Das Garn hatten die Frauen gewonnen, indem sie alte Pullover auftrennten. Die andere Manteltasche enthielt zwei Kekse!

Kurz nach dieser wundervollen Weihnachtsfeier wurden wir erneut evakuiert. Ein eisiger Wind blies uns Schnee ins Gesicht, als wir zusammengekauert auf einem offenen Heuwagen saßen, der von zwei abgemagerten Pferden gezogen wurde. Da die Front dicht hinter uns war, waren wir Tag und Nacht unterwegs. Wenn es sicher war, anzuhalten, schliefen wir in zugigen Scheunen. Wir aßen gefrorene Brotstücke, und manchmal tranken wir eine Tasse Milch, die uns ein Jeep vom Roten Kreuz vorbeibrachte.

Doch die warme Erinnerung an diese Weihnachtsfeier leuchtete wie eine kleine Kerze in der Dunkelheit. Noch Jahre später, als meine eigenen Lebensumstände mir zu trostlos vorkamen, um Weihnachten zu feiern, erinnerte ich mich an diese Wahrheit, die in jener Christnacht in meinem Herzen geboren wurde: Jesus, das Licht der Welt, ist gekommen, und keine Dunkelheit – weder in der Welt noch in unserem Leben – kann es auslöschen.

Kapitel 5:

Weihnachtsweisheiten

*Worauf kommt es im Leben an?
Wie gehe ich damit um, wenn mein Leben anders verläuft, als ich es erwartet habe?
Auf diese und viele andere Fragen gibt die Weihnachtsgeschichte Antworten. Ja, die Geschichte, die wir vielleicht Hunderte Male gehört haben, steckt voller Weisheiten, wenn wir nur genau hinschauen. Betrachten Sie die „Hauptakteure“ mit neuen Augen.*

„Maria aber merkte sich jedes Wort und dachte immer wieder darüber nach.“
Lukas 2,19

Der Weihnachtstraum

Wiebke Topf

Immer wenn die Weihnachtszeit kommt, erinnere ich mich an einen Traum, den mein damals vierjähriger Sohn in der Adventszeit hatte. Er gehört für mich inzwischen eng zu Weihnachten und ist mein schönstes Weihnachtswunder.

Unser Sohn Josia kam ohne Arme auf die Welt und hatte verkrümmte Beine. Durch mehrere Operationen und Hilfsmittel kann er laufen, aber seine beiden Beine sind steif.

Eines Morgens kam er zu mir und sagte, er habe von Jesus geträumt. Jesus sei ihm begegnet und habe mit ihm über seine Beine gesprochen.

Ich fragte ihn ganz aufgeregt, was Jesus denn darauf geantwortet habe – in der Hoffnung, dass er sagen würde, Gott werde die Beine heilen oder etwas in der Richtung.

Aber Josia strahlte mich an und sagte: „Ich habe Jesus alles erzählt, und er hat gesagt, er sagt es Gott!“

Er schien sehr zufrieden mit diesem Gespräch zu sein.

Ich war es nicht.

Ich hakte nach und fragte: „Na, und jetzt?“

Die Antwort meines Sohnes werde ich nicht vergessen: „Ja, er weiß es jetzt, das reicht!“

Dieser Satz begleitet mich seitdem und bringt viele Dinge, Wünsche und vor allem meine Unzufriedenheit zur Ruhe. Es reicht, dass ich zu Gott gehe und ihm alles erzähle. Er weiß alles, und das ist ausreichend.

Wie der kleine Stern seine Aufgabe gefunden hat

Esther Lieberknecht

Es war einmal ein kleiner Stern.

Er war so klein, dass man ihn von Weitem kaum sah.

Selbst durch das größte Fernrohr konnten ihn die Sterndeuter kaum erkennen.

Oft schämte er sich, dass er neben all seinen großen Brüdern und Schwestern so klein geraten war.

Er dachte oft bei sich: Alle anderen Sterne sind größer als ich, leuchten schöner als ich und werden mehr gesehen als ich.

Vor lauter Selbstmitleid liefen ihm dann ein paar große Sternentränen die Wangen hinunter.

Manchmal fragte er seine Mutter: „Mami, warum nur bin ich so klein geblieben? Meinst du, ich wachse noch?"

Die Mutter wusste auch keine Antwort auf die Fragen ihres Sternenkindes.

Es jammerte sie nur, wenn sie sah, wie es im Schatten all seiner großen Geschwister stand.

Eines Tages nun wurden unter den Sternen Aufgaben verteilt. Jeder Stern konnte freiwillig eine Aufgabe übernehmen.

Eine Aufgabe war, in einer besonderen Nacht einen Stall zu bescheinen.

„Einen armseligen Stall bescheinen? Pah, wenn es ein Schloss wäre – sofort. Aber einen armseligen Stall? Dazu bin ich mir nun wirklich zu schade“, meinte ein hochnäsiger Stern.

Manche Sterne sagten, sie seien zu alt. Andere hatten schon etwas Wichtigeres vor.

So lehnten die meisten Sterne diese Aufgabe ab. Aber unser kleiner Stern überlegte ernsthaft.

Sollte er es wagen? Er war zwar nicht groß und so hell leuchtete er auch nicht, aber für einen Stall reichte es vielleicht aus. So dachte der kleine Stern bei sich.

Da sich kein anderer Stern für diese Aufgabe meldete, bekam er die Aufgabe zugesprochen. Er sollte in einem Ort, der Bethlehem hieß, über einem Stall leuchten. In diesen Stall würde ein junges Paar einziehen. Daran würde der Stern erkennen, dass es der richtige Stall war.

Der kleine Stern war mächtig stolz, dass er für diese Aufgabe einmal nicht zu klein war. Er wollte seine Aufgabe besonders gut machen. Schon am Tag suchte er vom Himmel aus das Dorf Bethlehem. Dann beobachtete er das ganze Dorf sehr genau.

Würde er entdecken, welcher Stall gemeint war? Würde er das junge Paar entdecken?

Es waren so viele Leute auf der Straße. Suchten sie alle einen Schlafplatz? Langsam wurde es schon dunkel und noch hatte der kleine Stern seinen Stall nicht gefunden.

Doch was war denn das da?

Kamen da nicht sehr müde ein Mann und eine Frau nach Bethlehem hinein? Die Frau saß auf einem Esel. Suchend schauten sie sich um.

Würde es irgendeinen Platz zum Schlafen geben? Der Stern wollte besonders hell leuchten.

Der Mann ging in ein Gasthaus und kam enttäuscht wieder heraus.

„Kein Platz mehr", zeigte die Handbewegung an, die er zu seiner Frau machte. Mühsam schleppten sie sich zum nächsten Gasthaus. Auch hier verhandelte der Mann mit dem Wirt.

Der Wirt zeigte auf einen angrenzenden Stall. Aha, das war dann also der Stall, den er bescheinen sollte!

Der kleine Stern war froh, dass es endlich so weit war.

So hell er konnte, beschien er nun diesen Stall.

Das Paar war in den Stall eingezogen und der kleine Stern war fürs Erste zufrieden.

Nach einer Weile wurde ihm doch etwas langweilig, und da der kleine Stern neugierig war, schaute er einmal durch das einzige Fenster im Stall. Vor lauter Überraschung und Freude fing der kleine Stern auf einmal an zu strahlen, wie er es noch nie gekonnt hatte.

Nein, so etwas, lag doch da ein Baby in der Futterkrippe!

Leise zog sich der kleine Stern wieder zurück. Hier wollte er nicht stören. Doch die Überraschungen hörten in dieser Nacht nicht auf.

Plötzlich wurde es ganz hell am Himmel und viele Engel waren zu sehen.

Selbst der kleine Stern war geblendet.

Er war auch erstaunt, was die Engel den Hirten sagten: „Über einem Stall in Bethlehem leuchtet ein Stern, dort ist der König der Welt geboren."

Der kleine Stern schaute sich um. War er damit gemeint?

Nach einiger Zeit kam Bewegung in das Dorf Bethlehem, mitten in der Nacht. Die Hirten wollten unbedingt Jesus, den König der Welt, sehen.

Er, der kleine Stern, durfte ihnen den Weg zeigen.

Aber das war noch nicht genug.

Eine ganze Karawane kam auf Bethlehem zu. Drei Männer suchten immer wieder mit ihrem Fernrohr den Himmel ab.

Als sie näher kamen, sah es der kleine Stern deutlicher. Sie deuteten auf ihn, auf ihn, den man vorher noch nie beachtet hatte!

Der kleine Stern bemühte sich, noch mehr zu leuchten.

Bald sahen sie glücklich und erleichtert aus, als hätten sie gefunden, was sie gesucht hatten.

Ja, auch die drei Weisen machten vor dem Stall halt und brachten dem König ihre Geschenke.

Bald begann der Morgen zu grauen und der kleine Stern wurde blasser und blasser.

Aber er war nicht traurig.

Er wusste, diese Nacht würde er nie vergessen. Er hatte eine wunderbare Aufgabe erfüllt.

Er würde nie vergessen, dass er der kleine Stern war, der so vielen Menschen den Weg zum König der Welt gezeigt hatte.

Drei weise Frauen

Christin Ditchfield

Die drei Weisen Kaspar, Melchior und Balthasar gehören zur Weihnachtsgeschichte einfach dazu. Durch die Jahrhunderte hindurch haben uns diese geheimnisvollen Gestalten fasziniert und inspiriert, auf unserer persönlichen geistlichen Reise nach Bethlehem „dem Stern zu folgen". Natürlich wissen wir nicht mit Bestimmtheit, wie sie hießen. Wir wissen nicht einmal, ob es wirklich drei an der Zahl waren.

Wir wissen jedoch, dass es drei weise Frauen gab: Maria, Elisabeth und Hanna – drei Frauen unterschiedlichen Alters und in verschiedenen Lebensphasen. Alle drei hatten gemeinsam, dass sie „den Herrn fürchteten". Jede von ihnen spielte eine entscheidende Rolle bei den Ereignissen der Weihnachtsgeschichte. Und jede hat uns auf ihre Weise ein großartiges Beispiel gegeben, dem wir heute noch folgen können.

Maria

Maria war eine junge Frau, vielleicht noch ein Teenager, und stand kurz vor der Hochzeit. Sie hatte das Leben vor sich – ein junger Mensch voller Hoffnungen und Träume für die Zukunft. Vermutlich verbrachte sie einen großen Teil ihrer Zeit mit Hochzeitsvorbereitungen. Als der Engel Gabriel erschien, brachte er ihr eine Botschaft, die ihr Leben für immer verändern sollte. Er sagte zu Maria, sie sei „begnadet". Gott habe sie auserwählt, seinen Sohn zur Welt zu bringen. Von nun an würden alle Generationen sie glücklich preisen.

Welch ein gewaltiges Vorrecht! Welch eine unglaubliche Verantwortung! In diesem Augenblick konnte Maria sich gewiss nicht vorstellen, was damit alles verbunden war.

Sie stellte vielmehr eine ganz natürliche Frage: „Wie kann das sein?"

Aus der sanften Antwort des Engels können wir schließen, dass Marias Frage nicht aus Zweifel oder Skepsis heraus gestellt worden war. Sie forderte kein Zeichen als Beweis oder zusätzliche Bestätigung. Sie beschwerte sich nicht darüber, dass ihre gesamte Lebensplanung über den Haufen geworfen wurde. Sie wusste jetzt, dass die Dinge sich nicht wie geplant entwickeln würden. Trotzdem gab es in ihrem Herzen keinen Widerstand, keine Rebellion. Nur schlichten Gehorsam – ein Ja zum Willen Gottes.

„Ich bin die Magd des Herrn", antwortete sie. „Mir geschehe, wie du gesagt hast" (Lukas 1,38).

Damit erklärte sie dem Engel, dass Gott sie gebrauchen

könne, wie immer er wolle; sie sei bereit, sich ihm vollkommen zur Verfügung zu stellen. Wie muss das Gottes Herz erfreut haben! Kein Wunder, dass er diese kostbare junge Frau ausgesucht hat, die Mutter seines Sohnes zu sein!

Auch heute noch hält Gott Ausschau nach Menschen, die sich ihm wie Maria vorbehaltlos zur Verfügung stellen. Wenn wir bereit sind, ihm unser Herz, unsere Hoffnungen und Träume zu übergeben, wird er uns gebrauchen, um große und wunderbare Dinge zu vollbringen.

Elisabeth

Elisabeth war kinderlos – in einer Kultur, in der der Wert einer Frau an der Zahl ihrer Kinder gemessen wurde. Sie war unfruchtbar zu einer Zeit, in der die Unfähigkeit, Kinder zu gebären, als Zeichen von Gottes Gericht betrachtet wurde, als Fluch. Sie und ihr Mann hatten inbrünstig für ein Kind gebetet, doch inzwischen war sie über das gebärfähige Alter hinaus.

Elisabeth hätte verbittert sein können, doch stattdessen folgte sie Gottes Geboten untadelig. Sie fuhr fort, in Treue und Gehorsam zu leben, auch wenn sie Gottes Willen nicht verstand. Sie ließ nicht davon ab, ihm ihr Herz auszuschütten, obwohl es so schien, als höre er sie nicht.

Und dann tat Gott ein Wunder! Elisabeth wurde auf ihre alten Tage schwanger. Sie wusste, dass Gott auf übernatürliche Weise in ihr Leben eingegriffen hatte. Als ihre Verwandte Maria unerwartet zu Besuch kam, wusste Elisabeth auch, warum.

Sie hatte Gottes Reden gehört und war mit der Stimme des Heiligen Geistes vertraut.

Mit der Autorität einer Frau, die Gottes Treue erfahren hat, rief sie Maria zu: „Selig bist du, die du geglaubt hast! Denn es wird vollendet werden, was dir gesagt ist von dem Herrn" (Lukas 1,45).

In diesem Moment übernahm Elisabeth die Rolle einer geistlichen Mutter oder Mentorin. Sie gab einer jungen Frau, die sich vermutlich allein fühlte, ein Wort der Ermutigung. Elisabeth stärkte Maria den Rücken und bestätigte ihr gegenüber das Wort des Herrn. Falls Maria irgendwelche Zweifel oder Befürchtungen hatte, vertrieb Elisabeth diese, indem sie ihre junge Verwandte an die Liebe und Treue Gottes erinnerte.

Wie Elisabeth können auch wir es zulassen, dass Kummer und Leid uns näher zu Gott ziehen, anstatt uns von ihm fortzutreiben. Dazu ist es wichtig, auf seine Stimme zu achten und sensibel auf seine Führung zu reagieren. Außerdem sollten wir jede Gelegenheit beim Schopf ergreifen, um Menschen, die jünger im Glauben sind, zu ermutigen und ihnen den Rücken zu stärken. Aus unserer persönlichen Erfahrung können wir berichten, dass Gott treu ist.

Hanna

Hanna war vierundachtzig Jahre alt und damit fast am Ende ihres Lebens angelangt. Bestimmt hatte sie die meisten ihrer Freunde und Verwandten bereits überlebt. Ihr Mann war vor über sechzig Jahren gestorben, als die beiden erst sieben Jahre verheiratet gewesen waren. Sie hatte keine kleinen Kinder zu versorgen. Aus welchem Grund auch immer – Hanna hatte nicht wieder geheiratet. In ihrer Kultur war es Frauen nicht gestattet, einem Beruf nachzugehen. Somit hatte Hanna viel Zeit zur Verfügung.

Sie hätte diese Zeit damit verbringen können, in der Vergangenheit zu leben und sich nach der „guten alten Zeit" zurückzusehnen. Sie hätte die sprichwörtliche Klatschbase werden können – eine Frau, die von Haus zu Haus geht, Klatsch und Tratsch weiterträgt und ihre Nase in die Angelegenheiten anderer Leute steckt. Sie hätte sich auch vor die Haustür setzen und ihren Nachbarn etwas über die diversen Wehwehchen und Probleme vorjammern können, die sich mit zunehmendem Alter einstellen. Aber sie tat es nicht.

Stattdessen konzentrierte Hanna sich darauf, Gott zu lieben und Zeit in seiner Gegenwart zu verbringen. Während die Jahre vergingen, verstärkte sich ihre Hingabe an Gott mehr und mehr. Sie „wich nicht vom Tempel und diente Gott mit Fasten und Beten Tag und Nacht" (Lukas 2,37).

Die Bibel sagt, dass Gott die ehrt, die ihn ehren. Hanna bekam das Vorrecht, zu ihren Lebzeiten das zu sehen, worauf Menschen von alters her gewartet hatten und worüber sie gestorben waren: das Kommen des Messias. Sie war im Tempel – dort, wo sie sich immer aufhielt –, als Maria und Josef das Baby Jesus dorthin brachten. Auf dieses Ereignis reagierte sie so, wie sie es immer tat: Sie lobte Gott. Danach sprach sie mit allen, die es hören wollten, über die Güte und Größe unseres Gottes.

Hanna war eine Frau, die aus einer schlimmen Situation das Beste machte. Sie beschäftigte sich mit ihren Segnungen. Das Resultat war, dass ihr Herz vor Dankbarkeit überfloss. Da sage noch einer, man könne nicht in Würde alt werden! Hanna ist der beste Beweis, dass es im Leben mit Gott keinen Ruhestand gibt, auch wenn wir noch so betagt sind. Wir müssen nicht bitter, sondern können besser werden. Wir können beschließen, uns die Segnungen Gottes vor Augen zu halten, anstatt uns in unserem Kummer zu vergraben. Wir können uns ein dankbares Herz bewahren.

Leuchtende Vorbilder

Drei weise Frauen: Maria, Elisabeth und Hanna. So wie die Weisen damals dem Stern folgten, können wir dem leuchtenden Vorbild dieser Frauen folgen, die ein „heiliges und Gott wohlgefälliges" Leben führten (vgl. Römer 12,1). Auf einer beliebten Weihnachtskarte steht der Satz: „Weise Männer suchen ihn immer noch." Weise Frauen auch!

Der unkonventionelle Josef

Andrea Schneider

In vielen Kindergärten, Schulen und Kirchengemeinden wird in diesen Tagen ein Krippenspiel eingeübt. Wer da meist ein bisschen schlecht wegkommt, ist Josef.

Erst fragt er, mit Hut und Wanderstab bewaffnet, unermüdlich und bescheiden nach einem Platz in der Herberge für sich und seine schwangere Maria und muss sich von barschen Gastwirten anschnauzen und wegschicken lassen. Dann singen die süßen Engel. Die wilden Hirtengestalten treten auf, um Maria und das Kind zu bewundern. Die ehrwürdigen Heiligen Drei Könige kommen, um ihre Geschenke zu überreichen. Aber Josef – der bleibt bei dem Ganzen stumm im Hintergrund.

Nicht viel Text zum Auswendiglernen. Nicht unbedingt eine Glanzrolle für passionierte kleine Schauspieler oder eine Paraderolle für harte Männer …

Aber vielleicht gerade deshalb – interessant, dieser Josef. Spannend, was die Bibel über diesen Mann erzählt: Josef war ein Nachfahre von König David, d. h., edler ging's nicht. Aber das spielte anscheinend keine Rolle für ihn.

Josef war Bauhandwerker und in einer Zeit des Baubooms hatte der Zimmermann sein Auskommen. Er freute sich auf ein gutbürgerliches Leben mit seiner Verlobten Maria.

Da erfährt er, dass seine Freundin ein Kind erwartet, das nicht von ihm ist. Was für eine Kränkung! Er hätte allen Grund gehabt, Maria zu verstoßen. Nur zu verständlich und durchaus zu erwarten von einem bürgerlich frommen Mann.

Aber Josef traut sich, zu Maria zu stehen. Er überhört das Gerede der Leute. Achtet stattdessen auf seine Träume und hört darin die Stimme Gottes, die ihn zum Vater von Marias Sohn macht: „Du sollst ihn Jesus nennen."

Josef kann es aushalten, dass sich alles um die Frau dreht und das Kind. Achtsam befolgt er einen weiteren Traum und rettet so das Kind vor dem Massenmord durch König Herodes.

In Nazareth wächst Jesus heran. In seiner Werkstatt zeigt Josef seinem Sohn, wie man mit Holz umgeht. Und er führt ihn ein in den Glauben der Väter. Jahre später, als der Zimmermannssohn seine eigentliche Berufung entdeckt, ist von seinem Vater Josef nicht mehr die Rede.

Aber der Wanderprediger Jesus malt seinen Zuhörern ein ganz neues Bild von Gott vor Augen. Das Bild von einem Gott, der wie ein liebender Vater ist. Für den es nichts Wichtigeres gibt als seine Kinder.

Ob Jesus so ein Vaterbild kennengelernt hat in Josef, dem Zimmermann?

Maria: Ja sagen zu Gottes Plänen

Angelika Jackson

Welche Voraussetzungen muss ein junges Mädchen erfüllen, um auserwählt zu werden, die „Mutter Gottes“ zu sein?

Gottes Pläne sind oft überraschend. Maria war ein ganz normales, unauffälliges Mädchen. Sie war verlobt mit einem rechtschaffenen Zimmermann. Gemäß jüdischer Tradition verlief ihr Leben in geregelten Bahnen. Abenteuer standen nicht auf dem Programm – bis der Engel auftauchte.

Maria hatte ihn nicht erwartet. Er trat unangemeldet in ihr Leben und durchkreuzte ihre Pläne. Der Engel begrüßte sie höflich auf die landesübliche Weise.

Er bereitete sie auf die schockierende Botschaft vor, die er ihr zu überbringen hatte: „Der Herr ist mit dir; er hat dich zu Großem ausersehen!“ (Lukas 1,28)

Er fiel nicht gleich mit der Tür ins Haus.

Er sagte auch nicht: „Maria, du warst immer so ein braves Mädchen und hast viel gebetet; deshalb kann Gott Großes mit dir tun", sondern: „Der Herr ist mit dir!"

Das ist die erste Voraussetzung.

Der himmlische Botschafter spürte ihr Erschrecken und versicherte ihr, dass sie sich nicht zu fürchten brauche: Sie hatte Gnade bei Gott gefunden. Damit ist die zweite Voraussetzung erfüllt. Keine noch so gute, noch so fromme oder weise Frau auf der Welt könnte aufgrund von Werken erwählt werden, die Mutter des Messias zu werden – es war Gnade.

Maria war sich ihrer eigenen Unzulänglichkeit vollkommen bewusst.

Dadurch, dass sie in diesem Moment bereit war, sich auf Gottes Gnade anstatt auf ihre Tugendhaftigkeit oder selbst gemachte Gerechtigkeit zu verlassen, konnte sie annehmen, was der Engel Gabriel nun offenbarte: „Du wirst schwanger werden und einen Sohn zur Welt bringen. Jesus soll er heißen. Er wird mächtig sein, und man wird ihn Gottes Sohn nennen. Gott, der Herr, wird ihm die Königsherrschaft Davids übergeben, und er wird die Nachkommen Jakobs für immer regieren. Seine Herrschaft wird niemals enden" (Lukas 1,31–33).

„Wie kann das geschehen?", fragte Maria.

Ich glaube, sie stellte diese Frage nicht zweifelnd, sondern um weitere Instruktionen zu bekommen.

Der Engel nahm ihr die Frage auch keineswegs übel, sondern erklärte ihr: „Der Heilige Geist wird über dich kommen, und die Kraft Gottes wird sich an dir zeigen. Darum wird dieses Kind auch heilig sein und Sohn Gottes genannt werden" (Lukas 1,35).

Der Engel fuhr fort, den Glauben der jungen Frau zu stärken, indem er ihr berichtete, dass ihre Verwandte, Elisabeth, die nach menschlichem Ermessen schon viel zu alt war, um schwanger zu werden, schon im sechsten Monat war.

„Für Gott ist nichts unmöglich!", erklärte er ihr.

Marias Entscheidung

Maria hätte sich eine Bedenkzeit ausbitten oder „Nein, danke" sagen können. Es war eine ungeheuer schwere Entscheidung. All ihre Vorstellungen, die Träume von ihrer Hochzeit und der Hochzeitsnacht, einem harmonischen Familienleben, angenehmen Beziehungen zu Verwandten und Nachbarn und ihr Ansehen musste sie in diesem Moment loslassen. Nicht nur das: Ihr Leben stand auf dem Spiel. Josef hätte sie vor Gericht bringen können, und man hätte sie gesteinigt. Würde Josef ihr glauben? Der Engel gab ihr diesbezüglich keinerlei Zusicherungen.

Maria sagte Ja zu Gottes Plan für ihr Leben:

„Ich will mich dem Herrn ganz zur Verfügung stellen", antwortete Maria. „Alles soll so geschehen, wie du es mir gesagt hast."

Dann verließ sie der Engel. Er blieb nicht bei ihr: Der Alltag ging weiter.

Maria zeigt uns, wie wir Gott erlauben können, seinen Plan mit unserem Leben zu verwirklichen:

1. Die Tatsache erkennen, dass der Herr mit mir ist. Er ist da und interessiert sich für mich persönlich.

2. Gottes Gnade annehmen. Das bedeutet, dass ich begreife: Aus meinem eigenen Können und Wollen heraus kann ich niemals vor Gott bestehen. Das muss ich auch gar nicht. Dadurch, dass ich Jesus Christus annehme, strömen sein Können und seine Gerechtigkeit in mich hinein. Damit das geschehen kann, muss ich aufhören, mich auf mich selbst zu verlassen.

3. Ja sagen. Das ist wie vor dem Traualtar, und es ist auch ein Bund. Gott hat schon lange Ja zu mir gesagt. Er wartet nur noch auf mein Ja. Nach diesem erstmaligen Ja geht es darum, immer wieder Ja zu sagen zu Gottes Plänen, seine Weisungen über meine eigenen Ideen und Wünsche zu stellen und ihm zu vertrauen.

Freundinnen

Ich habe eine Nachbarin, die an Jesus glaubt. Das ist ein wunderbares Geschenk von Gott. Wenn irgendetwas ist, laufe ich zu ihr, und wir beten.

Maria hatte auch so eine Freundin: ihre Cousine Elisabeth. Sie konnte es kaum erwarten, mit Elisabeth über alles zu sprechen. Wem hätte sie sich auch sonst anvertrauen können? Bestimmt erhoffte sie sich Rat von Elisabeth, die älter war als sie.

Auf dem Weg zu ihr überlegte sie sich sicher, wie sie Elisabeth das Ganze erzählen sollte. Aber sie musste gar nichts erklären: Kaum kam sie zur Tür herein, schlug das Baby in Elisabeths Bauch Purzelbäume, und sie wurde vom Heiligen Geist erfüllt. Elisabeth lobte Maria für ihren Glauben und bestätigte sie darin.

Gott stellt uns einander zur Seite: zur Ermutigung, zur Ermahnung und Stärkung.

Maria und Josef

Unter anderem hatte Maria mir voraus, dass sie besser ihren Mund halten konnte! Ich habe oft das Gefühl, ich müsste meinem Mann unbedingt mitteilen, was Gott ihm zu sagen hat …

Marias Bauch wurde runder. Die Lage spitzte sich zu. Doch nirgendwo lesen wir, dass sie versuchte, Josef die Angelegenheit zu erklären. Maria wusste, dass der Heilige Geist, der dieses Kind gezeugt hatte, es auch vor Menschen bezeugen würde.

Josef war Handwerker und Geschäftsmann. Müde fiel er nach getaner Arbeit auf sein Lager, aber er konnte nicht schlafen. Er hatte einen Verdacht, der sich mehr und mehr bestätigte, und doch konnte er es nicht fassen. Hatte er sich wirklich derart in Maria getäuscht? Hatte sie ihn schon vor der Hochzeit betrogen? Nein, er konnte es nicht glauben. Vielleicht war sie vergewaltigt worden. Irgendwie musste es nicht ihr Verschulden sein. Und selbst wenn es so wäre, war er nicht gewillt, sie dafür in den Tod zu schicken. Nein, er würde sich einfach still und heimlich wieder von ihr trennen. Dadurch wären ihr Leben und das des Kindes gerettet. Nachdem er diese Entscheidung getroffen hatte, schlief er ein.

Als seine Logik somit abgeschaltet war, sprach Gott zu ihm: „Josef, du Nachkomme Davids!“ (Matthäus 1,20). Gott erinnerte Josef daran, dass er ein Nachkomme Davids war, aus dessen Stammbaum der versprochene Messias hervorgehen sollte. Josef zögerte nicht, die Weisungen, die Gott ihm im Traum gab, anzunehmen und zu befolgen. Auch er sagte Ja zu Gottes Plan. Wie viel besser ist es, wenn Gott zu Menschen spricht, als wenn wir versuchen, sie zu überzeugen! Ich glaube, Maria hat sehr viel für ihren Verlobten gebetet, aber wenig geredet.

Die Verlobung schien von Menschen arrangiert zu sein, aber in Wahrheit hatte Gott selbst nicht nur Maria, sondern auch Josef erwählt. Gott hatte einen Plan mit der Ehe dieser beiden. Wenn wir manchmal das Gefühl haben, unser Ehepartner sei „der Falsche" oder Gott könne nicht zu ihm reden, dürfen wir gewiss sein, dass Gott seine Hand über allem hat. Auch für ganz gewöhnliche Ehepaare hat er einen wunderbaren Plan.

Maria und Baby Jesus

Ist es nicht erstaunlich, dass Gott so unangenehme und banale Dinge wie Steuern gebrauchte, um die Prophetie zu erfüllen, dass der Messias in Bethlehem geboren würde? Es war das erste Mal, dass es eine solche Volkszählung gab, die Maria und Josef veranlasste, nach Bethlehem zu reisen (siehe Lukas 2,2).

Der Befehl des Kaisers Augustus war für Maria und viele andere Menschen eine beschwerliche Angelegenheit. Maria war hochschwanger, und es ist nicht verwunderlich, dass sie nach der Reise Wehen bekam. Es schien die ungelegenste Zeit, und doch war es die von Gott bestimmte Zeit.

Wenn die Dinge sich nicht so entwickeln, wie ich es mir vorgestellt habe, bin ich schnell entmutigt und frage mich, ob Gott wirklich so handelt. Ob Maria sich gewundert oder vielleicht sogar geärgert hat?

Ich denke, wenn Jesus unter normalen Umständen geboren worden wäre, also zu Hause, wäre Josef weggeschickt worden, und die Hebamme hätte Maria Beistand geleistet. Gott erwies Josef eine große Ehre, als er ihm erlaubte, den Moment zu erleben, in dem Gott als winziges, hilfloses Baby in die Weltgeschichte eintrat.

Maria, die Mutter

Wenn ich meine Babys stillte, musste ich sie unverwandt anschauen. Mein Kind schien diesen Augenkontakt ebenfalls zu suchen. Wenn wir gestört wurden oder mich etwas ablenkte, wurde es sofort unzufrieden. Diese Momente gehörten uns, und während ich das kleine Wunder betrachtete, gingen mir viele Dinge durch den Kopf. Was würde aus diesem Kind einmal werden?

Maria stillte Jesus, wickelte und versorgte ihn, spielte mit ihm, lehrte ihn sprechen und laufen. Sie erfreute sich an seinen Fortschritten wie jede Mutter.

„Schau mal, Josef, was er heute gelernt hat!“

Wenn sie ihn stillte oder ihn beim Spielen beobachtete, dachte sie gewiss über die Worte nach, die Simeon im Tempel über ihn gesagt hatte: Ihr Sohn würde viele in Israel zu Fall bringen und viele aufrichten. Menschen würden sich gegen ihn auflehnen, weil ihre innersten Gedanken vor ihm nicht verborgen bleiben konnten.

Die meisten Menschen haben kein Problem mit Religion. Amulette, Statuen, Opfergaben, religiöse Handlungen – all das gefällt vielen Leuten. Es hat den Anschein von Glauben, aber man hat das Ganze unter Kontrolle und fühlt sich noch gut dabei. Die Statue kommt zurück aufs Regal, wenn man sie gerade nicht braucht. Ein lebendiger Gott hingegen, der einen völlig durchschaut und der keine Opfergaben will, sondern unser Herz, wird zum Stolperstein für viele.

Acht Tage nach seiner Geburt ließen Maria und Josef Jesus beschneiden. Von Anfang an identifizierte sich Jesus vollkommen mit uns Menschen. In Armut geboren, schon als Kleinkind auf der Flucht, von Freunden verraten und von Menschen, denen er helfen wollte, abgewiesen. Er nahm keine himmlischen Privilegien für sich in Anspruch; in allem wurde er uns gleich, aber blieb ohne Sünde.

....

Kindermund

Weihnachten feiern wir im großen Familienkreis. Es wird gesungen, und jeder darf sich ein Lied wünschen. Unser Enkelkind Tobias (3) möchte gerne „Happy Birthday to you" singen.

„Es ist doch Weihnachten und nicht Geburtstag."

„Hat nun das Jesuskind heute Geburtstag oder nicht?!"

Inge Dünnebeil

Krippenspiel

Traude Burkhardt

Meine drei unverheirateten Tanten lebten zusammen in einem Haushalt. Aber da war keine Spur von dem Klischee „alte Jungfern". Ganz im Gegenteil!

Mit ihren unterschiedlichen Gaben ergänzten sie sich wunderbar zu einem liebevollen, kreativen, kinderfreundlichen Verwöhn-Team. Sie hatten Interesse und Verständnis für jeden Einzelnen ihrer vielen Gäste. Und durch sie gewann ich die Bibel lieb; denn sie lebten ihren Glauben.

So war es ganz natürlich, dass meine fünf Geschwister und ich sehr gern und oft bei ihnen waren. Auch als wir erwachsen und verheiratet waren, änderte sich nichts an der Herzlichkeit.

An Weihnachten luden sie uns alle ein – im Laufe der Zeit waren 14 (!) Großnichten und Großneffen dabei – und wir genossen die gewohnten Traditionen.

Tante Hanna war zuständig für das Aufstellen der Weihnachtskrippe. Jedes Jahr ganz genau gleich: wunderschöne naturbelassene Holzfiguren, sowohl die bekannten Hauptpersonen des Weihnachtsgeschehens als auch „Randfiguren“. Es bestand eine feste „Rangordnung“ bei der Nähe zur Krippe. So großzügig manches andere gehandhabt wurde, bei der Krippe galt: nur anschauen! Nicht anfassen oder gar spielen mit den Figuren!

Wir befolgten dieses Gebot, weil wir sonst viel Schönes bei den Tanten erlebten. Die Krippe kam uns irgendwie „heilig“ und unantastbar vor.

Doch eines Tages waren unbemerkt die Figuren umgestellt. Wer war wohl der „Täter“? Tante Hanna wollte das betreffende Kind nicht in Verlegenheit bringen vor den anderen und nur unter vier Augen mit ihm reden.

Eines Tages begab es sich, dass unsere Tochter Dorothea allein in der Weihnachtszeit bei den Tanten war. Sie mag wohl sieben oder neun Jahre alt gewesen sein.

Und was geschah? Die Krippenszene wurde tatsächlich umgestellt.

Tante Hanna hat nicht geschimpft, sondern gefragt: „Warum stellst du denn die Figuren um? Du weißt doch, dass ich das nicht gern habe.“

Dorothea schaute die Tante groß an und antwortete treuherzig: „Aber das muss doch so sein. Dieses Mädchen mit dem Zopf bin doch ich. Und ich möchte doch ganz nah beim Herrn Jesus sein und gehöre an die Krippe!“

So eine kurze, treffende Predigt hatte Tante Hanna noch nie gehört.

Sie nahm Dorothea in den Arm und konnte nur sagen: „Ja, und ich auch!“

Ab diesem Jahr wurde die traditionelle Aufstellungsweise verändert. Das Mädchen bekam den Ehrenplatz an der Krippe und „predigte“, auf was es im Leben ankommt: nah bei Jesus zu sein.

Lange Jahre habe ich das Erlebnis vergessen. Aber genau heute vor einem Jahr ist Tante Hanna gestorben. Kurz vorher habe ich sie noch besucht, und sie erzählte mir diese Begebenheit als ein Vermächtnis, das bei ihr selbst einen tiefen Eindruck hinterlassen hat.

Zuckerstangen

Die Zuckerstange hat einen weiten Weg zurückgelegt seit ihren Anfängen als Schnuller. Es begann zunächst mit einer einfachen weißen Stange Zucker, die Eltern ihren Babys zum Lutschen gaben, wenn diese quengelig wurden.

In den 1670ern hatte ein deutscher Chorleiter eine Idee: Er bog die Stangen so, dass sie die Form eines Hirtenstabs bekamen. Am Eingang der Kathedrale erhielt jedes kleine Kind einen „Zuckerstab" – für den Fall, dass es sein mangelndes Interesse am Krippenspiel vernehmlich zum Ausdruck bringen würde.

Der Legende nach beschloss ein Zuckerhersteller im US-Bundesstaat Indiana, die nette Idee des Chorleiters noch zu verbessern, indem er die Süßigkeit mit der wahren Bedeutung von Weihnachten verband. Zuerst fügte er einen großen roten Streifen hinzu, als Symbol für das Blut Jesu, das am Kreuz vergossen wurde. Ein Konditor ergänzte diese Idee mit schmaleren roten Streifen. Sie stellten die Peitschenhiebe der Soldaten dar, die auf den Rücken Jesu niedergingen, wie auch die Verheißung: „Durch seine Striemen ist uns Heilung geworden“ (Jesaja 53,5). Die weiße Farbe erinnerte die Kinder daran, dass Jesus ein sündloses Leben gelebt hat.

Dann wurde Pfefferminzgeschmack hinzugefügt, der an Ysop erinnert, eine alttestamentliche Pflanze, die im Zusammenhang mit Opfern benutzt wurde, weil Jesus das vollkommene Opfer für unsere Sünden ist. Die Härte des Zuckers drückt aus, dass Jesus der Fels unseres Heils ist. Die gebogene Stange ließ die Leute schon zuvor an die Hirten in Judäa denken – die Ersten, die erfuhren, dass der Retter geboren war.

Und was passiert, wenn Sie die Zuckerstange auf den Kopf stellen? Dann bildet sie den Buchstaben „J“ – für Jesus!

Ist das nicht wunderbar, dass jede Zuckerstange, die Sie verschenken, eine Geschichte darstellt, die erzählt werden will, und eine Einladung, „zu schmecken und zu sehen, dass der Herr gütig ist“ (vgl. Psalm 34,9)?

Krippe, Kreuz und Krone

Prof. Dr.-Ing. Werner Gitt

Immer wieder wüten Katastrophen in unserer Welt: Durch den Tsunami im Dezember 2004 starben rund 160 000 Menschen. Wirbelstürme wüten durchs Land: Allein Katrina hinterließ in New Orleans Hunderte tot und Tausende obdachlos. Kriege erschüttern. Im Zweiten Weltkrieg gab es 50 Millionen Tote. Die Urkatastrophe war jedoch der Sündenfall im Garten Eden. Diese hat alle weiteren Katastrophen ausgelöst: Die Sünde trennte die Menschen von Gott, und ohne Gott geraten sie in den Strudel der ewigen Verlorenheit.

Es bricht Gott das Herz: Die Menschen, die er geschaffen hat und liebt, haben sich von ihm abgewandt. Sie haben sich damit den Tod eingehandelt. „Gegen den Tod ist kein Kraut gewachsen", sagt ein Sprichwort. Nicht einmal im Garten Eden.

Das Kind in der Krippe

Doch Gott hatte schon im Garten Eden einen Rettungsplan und kündigte ihn gleich nach dem Sündenfall an: „Und ich will Feindschaft setzen zwischen dir und der Frau, zwischen deinem Samen und ihrem Samen: Er wird dir den Kopf zertreten, und du wirst ihn in die Ferse stechen“ (1. Mose 3,15).

Im Alten Testament weist er in einer Kette prophetischer Aussagen auf den kommenden Retter hin (zum Beispiel in 4. Mose 24,17 und Micha 5,1).

Die letzte Ankündigung überbrachte ein Engel, als er Josef die Geburt des himmlischen Kindes offenbarte: „Maria, deine Frau …, wird einen Sohn gebären, dem sollst du den Namen Jesus geben, denn er wird sein Volk retten von ihren Sünden“ (Matthäus 1,20–21).

Im Laufe der Geschichte haben sich viele Personen einen Namen gemacht: Kaiser und Könige, Gurus und Zauberer, Dichter und Philosophen, Gute und Böse. Nie aber hat die Welt einen Gott gesehen – bis es Weihnachten wurde. Das Kind in der Krippe ist kein Gott, wie ihn sich die Griechen auf dem Olymp oder die Germanen in Walhall vorgestellt haben. Er ist der Einzige, der sagen konnte: Ich bin der Schöpfer, durch den alles gemacht ist (Johannes 1,1.3); „Ich bin die Wahrheit“ (Johannes 14,6); „Ich bin der gute Hirte“ (Johannes 10,11); „Ich bin die Tür“ [zum Himmel] (Johannes 10,7).

Das Kind in der Krippe kam weder mit donnerndem Getöse noch mit himmlischen Heerscharen. Nein, Gott wählte eine ledige Frau aus Israel – Maria –, die Gnade bei ihm fand, den Gottessohn zur Welt zu bringen. Damit überraschte Gott auch die Juden, die prophetische Worte über ihren Messias im Ohr hatten, zum Beispiel: „Siehe, dein König kommt zu dir“ (Sacharja 9,9), oder: „Er wird alle Königreiche zermalmen“ (Daniel 2,44). Sie erwarteten kein Kind in der Krippe, sondern einen König! Der sollte machtvoll erscheinen, die Römer aus Israel verjagen, seine Residenz in Jerusalem errichten und die Hohen Priester und Schriftgelehrten zu Ministern ernennen.

Aber so kam Jesus nicht, und darum lehnten die Juden ihn ab. Sie hatten übersehen, dass er zuerst als Kind kommen musste: „Denn uns ist ein Kind geboren, ein Sohn ist uns gegeben“ (Jesaja 9,5). Von diesem Einen hängt es ab, ob wir die Ewigkeit im Himmel oder in der Hölle verbringen. Drei K kennzeichnen den Messias:

- Krippe (dieses erste K symbolisiert das Kommen Jesu in die Welt)
- Kreuz (dieses K symbolisiert unsere Rettung, die Jesus am Kreuz erwirkt hat)
- Krone (dieses K symbolisiert die Krone Jesu bei seiner Wiederkunft als König)

Kein Kreuz ohne Krippe! Keine Krone ohne Kreuz! Ohne Krippe und ohne Kreuz kein Himmel für uns! Darum musste es Weihnachten werden.

Das Ärgernis des Kreuzes

Kritiker des christlichen Glaubens stellen immer wieder die Frage: „Warum dieser brutale Tod am Kreuz? Bei eurem Glauben dreht sich alles um ein Hinrichtungsinstrument."

Konnte Gott nicht einen sanfteren Weg beschreiten, um mit uns Menschen ins Reine zu kommen? Warum war der Weg der Versöhnung mit Tod, Schmerzen, Tränen und Trauer gepflastert? Wäre es nicht auch etwas netter, ästhetischer und stilvoller gegangen? Hätte Gott nicht einfach bei unseren menschlichen Unzulänglichkeiten ein Auge zudrücken können?

Alle „Warums" greifen nicht, weil sie die Sünde verharmlosen. Und das scheint mir die Krankheit unserer Zeit zu sein. Nur am Kreuz können wir ablesen, was wir in keinem Buch der Philosophen und Denker finden:

- Das Kreuz zeigt uns, welch tiefe Kluft die Sünde zwischen Gott und Mensch gerissen hat. Der Abgrund ist so unermesslich, dass die Hölle die Folge davon ist (Matthäus 5,29).
- Das Kreuz gibt uns eine realistische Vorstellung davon, wie weit Gott in seiner Liebe zu uns geht, nämlich so weit, dass er sich mit seinem Sohn Jesus buchstäblich sein Liebstes vom Herzen riss.
- Das Kreuz Jesu ist die tiefste Herablassung Gottes. Der Schöpfer des Universums und allen Lebens lässt sich wie ein Verbrecher hinrichten. Welch hoher Preis für die Sünde! Doch dadurch kann Jesus jeden Sünder zu

sich einladen: „Wer zu mir kommt, den werde ich nicht hinausstoßen“ (Johannes 6,37). Es gilt aber auch: Wer nicht kommt, ist verloren – sogar ewig!

- Das Kreuz markiert auch das Ende aller menschlichen Erlösungswege. Darum konnte Jesus so ausschließlich verkündigen: „Niemand kommt zum Vater denn durch mich“ (Johannes 14,6). Alle Religionen sind im Angesicht des Kreuzes nur glitzernde Fata Morganen in der Wüste einer verlorenen Menschheit.

Die Weihnachtsbotschaft mit der Kreuzesbotschaft ist eine einzigartige Rettungsbotschaft: „Denn des Menschen Sohn ist gekommen, selig zu machen, was verloren ist“ (Lukas 19,10).

Die Wiederkunft Jesu

Jesus wird ein zweites Mal in diese Welt kommen – und zwar als König, Richter und Weltenherrscher. In Matthäus 24,30 hat er dieses Ereignis vorausgesagt: „Und alsdann wird erscheinen das Zeichen des Menschensohnes am Himmel. Und alsdann werden heulen alle Geschlechter auf Erden und werden kommen sehen des Menschen Sohn in den Wolken des Himmels mit großer Kraft und Herrlichkeit.“

Welch ein Grund zur Freude! Der Schöpfer der Welt erscheint! Der Retter der Welt kommt! Warum aber steht im Text: „Es werden heulen alle Geschlechter auf Erden“? Viele haben zu Lebzeiten von der notwendigen Entscheidung für diesen Jesus gehört, aber sie sagten „Nein“. Nun sind sie verloren und können nichts mehr revidieren. Darum schreien und heulen sie.

Viele Menschen gehen Wege, bei denen Jesus nicht vorkommt. Der Erfindungsreichtum dabei ist groß. So sagt zum Beispiel die amerikanische Schauspielerin Shirley MacLaine, die auf einer Ranch mit ihrem Hund Terry lebt: „… sie ist … eine Reinkarnation des ägyptischen Gottes Anubis, der die Gestalt eines Hundes hat. Es mag sich seltsam anhören, aber Terry und ich haben schon mindestens ein gemeinsames Leben im alten Ägypten verbracht. Sie ein Tiergott und ich eine Prinzessin. Jetzt hat uns das Leben erneut zueinandergebracht."

Jesus kommt sichtbar wieder. „Siehe, er kommt mit den Wolken, und es werden ihn sehen alle Augen und alle, die ihn durchbohrt haben, und es werden wehklagen um seinetwillen alle Geschlechter der Erde", schreibt Johannes in Offenbarung 1,7.

Als am 20. Juli 1969 Neil A. Armstrong als erster Mensch seinen Fuß auf den Mond setzte, haben 500 Millionen Menschen die Bilder im Fernsehen mitverfolgt. An der Beerdigung von Prinzessin Diana am 6. September 1997 nahmen 2,5 Milliarden Menschen per TV-Übertragung teil – vierzig Prozent der Weltbevölkerung! Deshalb ging sie als erste „Globalbeerdigung" in die Geschichte ein. Doch für das Kommen Jesu ist keine Kamera nötig. Alle Menschen erleben dieses größte Ereignis der Weltgeschichte „live". Für jedermann wird Jesus sichtbar sein. Das gilt nicht nur für die Weltbevölkerung, die zu der Zeit lebt, sondern für alle Generationen der Geschichte. Garantiert sind auch alle dabei, die diesen Beitrag lesen.

Jesus kommt plötzlich wieder. „Wie der Blitz ausgeht vom Aufgang und leuchtet bis zum Niedergang, so wird auch sein das Kommen des Menschensohnes" (Matthäus 24,27). In einem einzigen Augenblick wird er auf der gesamten Erde gleichzeitig zu sehen sein.

Zu welcher Tageszeit wird das sein? Die Antwort finden wir in Lukas 17,34: „In derselben Nacht werden zwei auf einem Bette liegen; einer wird angenommen, der andere wird verworfen werden." Also in der Nacht!?

Zwei Verse weiter aber steht: „Zwei werden auf dem Felde sein [= Tagessituation]; einer wird angenommen, der andere wird verworfen werden." Ich weiß nicht, ob Kolumbus diese Texte kannte. Doch damit hätte er kombinieren können: Wenn die Wiederkunft in einem einzigen Augenblick geschehen wird und die Bibel dies sowohl als eine Situation des Tages als auch der Nacht beschreibt, dann ist das nur auf einer Kugel möglich. Bemerkenswert ist, dass der Evangelist Lukas diese Worte zu einer Zeit schrieb, als die Menschen noch keine Ahnung von der Kugelgestalt der Erde hatten.

Diese beiden Verse zeigen noch etwas Wesentliches. Bei der Wiederkunft gibt es eine Zweiteilung der Menschheit: Es wird unterschieden zwischen Angenommenen und Verworfenen, zwischen Menschen, die Jünger Jesu sind, und solchen, die es nicht sind. Damit ist das eigentliche Problem der Menschheit angesprochen. Nur eine Frage zählt: Gehöre ich zu den Geretteten oder den Verlorenen?

Jesus will entschiedene Leute antreffen

Gott hat alle Menschen als Persönlichkeiten geschaffen, die über einen freien Willen verfügen. Dies hebt uns deutlich von den Tieren ab. Der freie Wille erlaubt beides: uns von Gott zu entfernen oder uns ihm zu nahen. Gott hat in Christus alles getan, um uns den Weg ins Himmelreich zu öffnen. Dennoch lehrt die Bibel sehr eindrücklich und warnend, dass nicht alle den Weg des Heils beschreiten. Was könnte Gott da tun? Würde er uns den freien Willen nehmen, dann hätte er uns unserer Persönlichkeit beraubt; wir wären Maschinen, Marionetten oder Roboter, die lediglich ihr vorgegebenes Programm abarbeiteten. Im Diesseits wie auch im Jenseits ist der Wille ein wichtiger Bestandteil der Persönlichkeit. Von unserer Wahlentscheidung hängt darum auch unser ewiger Verbleib ab.

Haben Sie sich auf diesen kommenden Tag eingestellt? Im Gleichnis von den zehn Jungfrauen mahnt Jesus zur Bereitschaft: Alle zehn waren „gläubig", sie glaubten fest: Die Hochzeit findet statt! Dennoch handelten nicht alle nach dieser Überzeugung. Deshalb erreichten nur fünf das Ziel. Es kam, wie Heinrich Kemner einmal sagte: „Man kann sich auch in die Hölle schlafen." Man kann – wie Hermann Bezzel warnte – „die Kirchenbänke durchscheuern und doch verloren gehen." „Gläubige", die nur Fakten bejahen, sie aber nicht aufs persönliche Leben übertragen, setzen das ewige Leben aufs Spiel.

Alle drei oder keins

Weihnachten steht vor der Tür. Die meisten feiern gerne das Jesuskind in der Krippe und bleiben im „Stall stehen". Doch die drei K sind unzertrennlich. Zu Jesus gehören die **K**rippe seiner Menschwerdung, das **K**reuz seines Leidens und des Sieges, aber auch die **K**rone, die er bei seiner Wiederkunft trägt. Das war von Anfang an Gottes Rettungsplan gegen die Urkatastrophe dieser Welt. Die letzte Katastrophe, die Menschen erleben werden, ist die Hölle. Leider wird sie mehr Tote fordern als alle Katastrophen der Geschichte, und dieser Tod währt ewig!

Doch zu Weihnachten fragt Gott erneut, ob wir das Geschenk „Krippe, Kreuz, Krone" annehmen wollen.

Sagen Sie Ja!

Über die Autoren

Lotte Bormuth ist fünffache Mutter und Autorin von zahlreichen Büchern. „Haben Sie Heiligabend ein Zuhause?“ erschien in Lydia 1/1997.

Eva Breunig ist Gymnasiallehrerin und Autorin. „Wertvolle Geschenke für meine Kinder“ erschien in Lydia 1/2008.

Traude Burkhardt ist verheiratet und hat zwei Kinder.

Christin Ditchfield ist freie Schriftstellerin.

Joni Eareckson Tada ist Schriftstellerin, Künstlerin und Vorsitzende von „Joni and Friends“.

Cae Gauntt ist eine bekannte christliche Popsängerin. Sie ist verheiratet mit dem Opernsänger Eddie Gauntt und hat zwei Söhne.

Prof. Dr.-Ing. Werner Gitt ist Autor zahlreicher Bücher und Redner auf Konferenzen im In- und Ausland. „Krippe, Kreuz und Krone“ erschien in Lydia 1/2006.

Billy Graham ist ein weltweit bekannter Evangelist. „Der Dienst der Engel“ erschien in Lydia 1/2003.

Ruth Bell Graham war die Ehefrau von Billy Graham. „Wiedersehen im Himmel“ erschien in Lydia 1/2005.

Brigitte Helfmann ist verheiratet und hat zwei erwachsene Kinder. „Nie wieder traurige Weihnachten“ erschien in Lydia 5/2008.

Angelika Jackson ist verheiratet und Mutter von vier Kindern.

Marion Klug, Mutter von drei Kindern, ist Geschäftsfrau und Hobbykünstlerin.

Helen Lescheid ist Buchautorin. Sie hat fünf erwachsene Kinder.

Esther Lieberknecht ist verheiratet und Mutter von drei Kindern.

Juliane Löffel, verheiratet, ist Betriebswirtin und hat zwei Kinder.

Brigitte Rath ist verheiratet und hat zwei Kinder.

Robert Reid ist Autor. „Die bestickte Tischdecke“ erschien in Lydia 1/2003.

Noreen Riols lebt in der Nähe von Paris. Sie ist Autorin mehrerer Bücher.

Margitta Rosenbaum ist Reisereferentin der „Arbeitsgemeinschaft Biblische Frauenarbeit“.

Hildegard Rouse ist verheiratet und hat zwei Töchter.

Trina Schaetz ist Autorin.

Andrea Schneider ist Rundfunkpastorin und Trainerin.

Silke Stattaus ist die Leiterin von „Frühstücks-Treffen für Frauen“.

Lee Strobel war preisgekrönter Redakteur der *Chicago Tribune*. Er ist Autor von zahlreichen Büchern, u. a. „Der Fall Jesus“. „Das größte Geschenk“ erschien in Lydia 1/2008.

Marion Stroud ist Schriftstellerin. Sie ist verheiratet und Mutter von zwei Kindern. „Schutzengel“ erschien in Lydia 1/2008.

Wiebke Topf ist verheiratet, Mutter und ausgebildete Tanzpädagogin.

Daisy Gräfin von Arnim wurde als „Apfelgräfin“ bekannt, als sie mit einer Mosterei ein eigenes Unternehmen gründete.

Gaby Wentland ist Mutter von vier Kindern, Übersetzerin bei Bibel TV und als Rednerin unterwegs.

Jakob Zopfi ist Pastor im Ruhestand und Autor von mehreren Büchern. „Das Gelübde“ erschien in Lydia 5/2008.

FSC www.fsc.org
MIX
Papier aus verantwortungsvollen Quellen
FSC® C014496

2. Auflage der Sonderausgabe September 2017
Bestell-Nr. 817167
ISBN 978-3-95734-167-9

Umschlaggestaltung: spoon design, Olaf Johannson
Umschlagfoto: Shutterstock
Satz: Greiner & Reichel, Köln
Druck und Verarbeitung: GGP Media GmbH, Pößneck
Printed in Germany

www.lydia.net